*La naturaleza como acontecimiento*

## New Metaphysics

*Series Editors: Graham Harman and Bruno Latour*

The world is due for a resurgence of original speculative metaphysics. The New Metaphysics series aims to provide a safe house for such thinking amidst the demoralizing caution and prudence of professional academic philosophy. We do not aim to bridge the analytic-continental divide, since we are equally impatient with nail-filing analytic critique and the continental reverence for dusty textual monuments. We favor instead the spirit of the intellectual gambler, and wish to discover and promote authors who meet this description. Like an emergent recording company, what we seek are traces of a new metaphysical 'sound' from any nation of the world. The editors are open to translations of neglected metaphysical classics, and will consider secondary works of especial force and daring. But our main interest is to stimulate the birth of disturbing masterpieces of twenty-first century philosophy.

# Didier Debaise
## *La naturaleza como acontecimiento*

Traducción de Román Suárez y Laureano Ralón

()
OPEN HUMANITIES PRESS

London, 2022

Diseño de Katherine Gillieson
Ilutración de tapa de Tammy Lu

PRINT ISBN 978-1-78542-108-2
PDF ISBN 978-1-78542-107-5

()

OPEN HUMANITIES PRESS

Open Humanities Press is an international, scholar-led open access publishing collective whose mission is to make leading works of contemporary critical thought freely available worldwide. More at http://openhumanitiespress.org

# Contenidos

# Prefacio

Con su audaz recuperación de la filosofía cosmológica de Alfred North
Whitehead, Didier Debaise no solo ha logrado poner en duda nuestra
concepción moderna de la naturaleza, sino que ha renovado dicha
concepción a través de un seguimiento programático de su trayectoria
desde los siglos que despiden al Renacimiento. A fin de situar el aporte
interpretativo de Debaise en el contexto de los debates actuales en filosofía
poscontinental, sobre todo aquellos que gravitan en torno al surgimiento
de un nuevo realismo especulativo que se dice ontológico pero no
metafísico, nos serviremos a continuación, de manera un tanto tímida, de
un procedimiento arqueológico "a la Foucault" para exponer el conjunto
de cambios conceptuales que distinguen la exégesis de Debaise de otras
lecturas de la filosofía de Whitehead y que, como señala el propio autor
(apoyándose en un conjunto de pensadores y pensadoras que, de Deleuze
en adelante, han efectuado un necesario y fructífero retorno a la obra
del filósofo inglés), le permiten a textos como *El concepto de naturaleza*,
*Proceso y realidad* o *La ciencia y el mundo moderno* insertarse en el marco de
discusiones recientes y conversar con "movimientos" filosóficos tales como
el realismo especulativo y la filosofía orientada a objetos, entre otros.

Para comenzar, es importante señalar que Debaise no ha escrito
*La naturaleza como acontecimiento* con el solo fin de exponer el devenir
del concepto mismo de naturaleza. De hecho, su propósito es doble y
simultáneo: hacer la crítica de tal configuración y proponer una nueva forma
de comprensión de la naturaleza acorde a una ontología *otra*. Así pues, a

la pregunta por la naturaleza *como* acontecimiento antecede una cuestión mucho más básica: ¿cuál es la naturaleza *del* acontecimiento? En este breve pero sustancioso texto, Debaise responde y toma posición frente a uno de los problemas fundamentales que, desde diversas tradiciones, ha dejado ver su influencia en el campo filosófico del siglo XX y lo que va del XXI: ¿A qué llamar "acontecimiento" y cómo posicionarse en relación a este concepto clave para entender el estadio posubjetivista y posantropológico por el que atraviesa buena parte de la filosofía continental al menos desde la segunda mitad del siglo pasado?

La centralidad del acontecimiento en nuestro tiempo es producto de una serie de relevos que han terminado por caracterizarlo como uno de los principales problemas de la filosofía contemporánea. Dicha serie inicia con el diagnóstico nietzscheano sobre el estado de la cultura y la filosofía conocido como "la muerte de Dios", el cual marca el momento en que la Modernidad como proyecto filosófico, político y estético comienza a mostrar claros signos de agotamiento. Con la consumación del proyecto moderno arranca un proceso de paulatino descentramiento del sujeto en sus diversas expresiones (desde el *cogito* cartesiano hasta la conciencia hegeliana). Dicho proceso viene a instaurar una nueva imagen del pensamiento en la tradición filosófica occidental, la cual, a su vez, reclama una nueva ontología de carácter dinámico y procesual más que estático y sustancialista.

Uno de los efectos más significativos de este momento inaugural que inicia con la crítica nietzscheana (y su correspondiente relevo heideggeriano) al nihilismo en particular, y a la filosofía de Occidente en general, es lo que se conoce como el "fin de la metafísica" o la "crítica a la ontoteología". Los cuestionamientos que derivan de esta crisis hicieron sentir sus efectos en buena parte de la filosofía del siglo XX, obligándola a replantear los conceptos de una tradición metafísica antigua y debilitada; pero también a desarrollar nuevas posibilidades a partir de algunas propuestas especulativas que ya estaban latentes en Nietzsche, y que otros como Bergson, Heidegger, Deleuze y el propio Whitehead exploraron en mayor profundidad. Como resultado de este desplazamiento teórico ha tenido lugar, a lo largo del siglo XX y lo que va del XXI, una serie de mutaciones conceptuales que tuvieron que imponerse forzosamente si era de aceptarse que la metafísica después de la muerte de Dios no podía ser la misma.

Más allá de las interpretaciones que vienen del psicoanálisis (Žižek), de la filosofía de la historia (Foucault) o de la filosofía del lenguaje (Benveniste), para la ontología contemporánea, la noción de acontecimiento es un concepto genérico cuya trayectoria se ha dividido en al menos tres ramas luego de su recuperación en la modernidad tardía por parte de Nietzsche. En primer lugar, hay un acontecimiento de tipo *vivencial* postulado por Jean-Luc Marion a partir de un desarrollo en clave teológica de las fenomenologías de Husserl y Heidegger. En segundo lugar, hay un acontecimiento de tipo *vital*, propio de una ontología procesual o expresiva como la que proponen Whitehead y Deleuze. Finalmente, está el así llamado *hipercaos* de Quentin Meillassoux, el cual puede interpretarse como una radicalización neomaterialista y especulativa de ambos acontecimientos, en la medida en que la noción de contingencia ontológica que propone el filósofo francés para hablar de lo absoluto supone una dimensión más primordial del Ser que parece autonomizarse no solo de las *vivencias personales*, sino también de la *vida impersonal* que converge en una pluralidad de vidas. A continuación desarrollaremos en mayor detalle cada una de estas tres ramas. Sirvan los renglones que siguen, divididos en tres actos, más que como una guía o un "spoiler" de *La naturaleza como acontecimiento*, como un *señuelo* o invitación seductora a entrar en la discusión propuesta por Debaise, la cual tiende a gravitar en torno a la renovación de conceptos clave como "acontecimiento", "correlación", "materialidad", "realismo" y "especulación". Estos conceptos son fundamentales a la hora de entender no solo el pensamiento, y por ende, la obra de Whitehead, sino también la facción más estética y procesual del giro ontológico, especulativo o realista de las primeras décadas del siglo XXI, cuyos principales referentes –Isabelle Stengers, Steven Shaviro, Graham Harman y el propio Debaise, entre otros– no han dejado de reconocer a Whitehead como su más importante precursor.

## Acto primero: del acontecimiento vivencial

La noción de acontecimiento –como la noción de correlación, realidad o materia– no es un concepto uniforme. Por un lado, tenemos un acontecimiento vivencial, extensivo o molar que irrumpe en el interior de lo que Wilfrid Sellars llamó *la imagen manifiesta del pensamiento*, esto

es, a grandes rasgos, el ámbito de la experiencia cotidiana, accesible
desde esa forma privilegiada de intuición que es la percepción, la cual
pone el mundo a la vista y nos revela una física primitiva compuesta de
volúmenes, superficies, colores y texturas (los sensibles propios y comunes
de Aristóteles). Un ejemplo paradigmático de este tipo de acontecimiento
es la noción de *fenómeno saturado* propuesta por Jean-Luc Marion desde su
fenomenología posheideggeriana: una suerte de donación radical que posee
*realidad efectiva* pero que no puede ser subsumida bajo la forma epistémica
del objeto en general, esto es, la suma de las categorías meta conceptuales de
una metafísica de la experiencia como la kantiana. Para Marion, la cuestión
determinante de una reducción ya no a la conciencia (Husserl), la existencia
(Heidegger), el cuerpo (Merleau-Ponty) o la alteridad (Levinas), sino al
Ser mismo en su puro darse incondicionado, no pasa por cómo el objeto en
general se reparte entre fenómeno y noúmeno, sino por cómo se distribuye
entre objetos de la experiencia y fenómenos saturados (o entre fenómenos
y fenómenos saturados). En cuanto *aparecer incondicionado* –un aparecer
que no es la apariencia *de* algo– el *fenómeno saturado* podría calificarse,
parafraseando a Deleuze, como *el noúmeno más cercano al fenómeno*. Un
ejemplo recurrente de dicho fenómeno en las conferencias impartidas
por Marion es el atentado terrorista del 11 de septiembre a las Torres
Gemelas en el corazón de Manhattan: de pronto algo sucede, no sabemos
exactamente de dónde viene, a qué apunta o quién lo ha provocado; su
opacidad nos deja sin palabras ya que desconocemos no solo su significado
sino también su sentido. Dicho de otro modo, el acontecimiento extensivo
no es ni un objeto ni un fenómeno propiamente dicho, ni siquiera una
cosa útil, material o física y, por lo tanto, no puede ser conocido desde
la percepción empírica, subjetivado desde la intuición fenomenológica,
comprendido a partir de una totalidad de referencias o analizado desde
la observación teórica. Se trata de una irrupción singularísima que es
*inefable* en la medida en que no disponemos de los conceptos o las prácticas
necesarias para clasificarla, aunque cabe señalar que esta *opacidad epistémica*
no llega a ser todavía algo ontológicamente *inescrutable*, pues el fenómeno
saturado se desarrolla en la periferia –pero en los límites internos– de la
experiencia sensible. Está claro que dicha experiencia no es objetual sino
*acontecial*; sin embargo, tiene lugar de este lado de la membrana que separa

el *afuera* de la experiencia (la sensibilidad pura impersonal) de la experiencia personal de sujetos que vivencian de manera más o menos temática y consciente. En rigor, lo que aparece y *se da* en forma incondicionada, al menos en el ejemplo específico del atentado a las torres, sigue siendo un "algo" que es captable por la mente humana a través de la sensibilidad, a pesar de que, según Marion, la saturación del fenómeno desborda la intuición conceptual y deja entrever un *absoluto-para-nosotros*: el portal de entrada a la cosa en sí.

Para Marion, quien sigue a Kant muy de cerca para ir más allá de él, aunque manteniendo intacta la dimensión trascendental que es el rasgo distintivo de la filosofía contemporánea, continental y analítica, la noción de un acontecimiento extensivo supone una correlación subjetiva pero epistémicamente difusa y maleable que expande los límites de la fenomenalidad. Dicha correlación es el efecto de la saturación sensible a la que hacíamos referencia más arriba: un darse que es mucho más primordial que la comprensión prerreflexiva y preconceptual que encontramos, por ejemplo, en el primer Heidegger. De hecho, Marion asocia la irrupción fenomenológica del acontecimiento *qua* fenómeno saturado con la experiencia del Ser mismo: una experiencia que nos pone frente a "algo" inobjetualizable que no puede ser interpretado en términos de una analítica existencial o de una hermenéutica de la angustia y la nada. Se trata de una ruptura que excede tanto al conocimiento como a la comprensión, convocándonos directamente en un cara a cara con el Ser.

Ahora bien, si en Marion hay una tentativa de llevar al extremo la idea heideggeriana de un pensamiento en genitivo, esto es, un pensamiento *del* Ser, para Whitehead, Debaise y otros filósofos especulativos este puro darse incondicionado no es lo suficientemente profundo ya que, como dijimos, sucede dentro de los confines de la fenomenalidad. En cierto modo, el acontecimiento vivencial o extensivo de Marion sigue ocurriendo *en* la experiencia sensible, aunque se trate de una experiencia del Ser mismo y ya no de objetos empíricos, apariencias fenoménicas, cosas útiles o cuerpos materiales. De esto se desprende que, para hablar de lo Real en un registro ontológico/metafísico, no alcanza con postular un absoluto-para-nosotros si dicho absoluto se sigue dando en el interior de la imagen manifiesta del pensamiento, la cual incluye tanto el espacio normativo de las razones como el ámbito de las motivaciones fenomenológicas. Para avanzar con nuestra arqueología es necesario indagar especulativamente sobre la génesis de los objetos *qua* objetos, lo cual nos obliga a hacer foco en la objetivación del fenómeno que antecede a la subjetivación implícita o explícita de las apariencias fenoménicas y actúa como su condición real (ya no formal) de individuación. Se trata de un proceso *ontogenético* que precede tanto a los objetos de la experiencia como al puro darse del acontecimiento extensivo o molar propuesto por Marion. Este nivel acontecial (pero virtual) más profundo trasciende por completo la imagen manifiesta del pensamiento así como los medios de una correlación mayormente subjetiva, experiencial y sensible (percepción, praxis, etc.). Es el lecho o subbasamento estético de los acontecimientos intensivos o moleculares, los cuales interactúan entre sí a partir de lo que Debaise llama *correlación objetiva*, que es el modo de existencia de los acontecimientos mismos.

Esta última correlación no debe confundirse con la correlación objetiva y formal de las ciencias empíricas y naturales, las cuales tratan con las propiedades categoriales y disposicionales (no fenoménicas) de los objetos materiales en el interior de ese espacio lógico-objetivo y perfectamente determinado que llamamos realidad. En rigor, lo Real que persiguen filósofos especulativos como Whitehead, Deleuze y el propio Meillassoux no es la realidad empírica compuesta de objetos físicos de talla media que estudia la física newtoniana; tampoco es la realidad metafísica compuesta de entes imperceptibles pero teóricamente observables (campos, partículas, materia y energía oscura, etc.) de los que se ocupan la física cuántica y la astrofísica. Lo Real para estos filósofos procesuales y neomaterialistas sería algo así como lo que sostiene la realidad en sus múltiples escalas (humana, empírica, metafísica) y soporta una pluralidad de interpretaciones y puntos de vista divergentes. Es el avance creativo de la vida (Whitehead) con sus sentires primordiales, prehensiones y capturas (Whitehead/Deleuze), o bien el Gran Afuera irrelativo, hipercaótico y supercontingente (Meillassoux) que se rige por la materia en estado puro, esto es, una suerte de infrarrealidad o hiperfísica postulada para dar cuenta de aquellos fenómenos que presuntamente no pueden ser explicados por la vía científica, como el origen mismo del Big Bang o el surgimiento de la vida como una potencia del Ser que se expresa en una infinidad de vidas.

## Acto segundo: del acontecimiento vital

Si el acontecimiento intensivo trasciende la imagen manifiesta del
pensamiento identificada por Sellars, su constitución no es la de un
objeto trascendente o suprasensible como el Dios metafísico o las formas
platónicas. De hecho, el acontecimiento vital tampoco es el resultado de una
serie de procesos ciegos sin subjetividad, como creen algunos materialistas,
sino que es postulado especulativamente por Whitehead sobre la base
de nuestra propia experiencia subjetiva. Sin embargo, a diferencia de la
fenomenología, hay en Whitehead y en Deleuze una tentativa de imaginar
la realidad como no siendo para nosotros, es decir, como independiente de
la fenomenalidad y la física primitiva que nos revela la experiencia sensible.
Analicemos esta idea más de cerca.

El mecanismo generador del acontecimiento intensivo es una
multiplicidad virtual o pluralidad disyunta de entes subatómicos (en el
sentido en que, para Whitehead, incluso los átomos estarían compuestos
de dichos entes), que a diferencia de los objetos subatómicos de la
mecánica cuántica y su modelo estándar de partículas son imperceptibles,
inobservables, e indetectables *en permanencia*. Whitehead los llama
"ocasiones actuales", Deleuze los llama "sujetos larvarios". La cuestión
determinante en relación con estos microentes es que no son accesibles a
través de la percepción o la praxis, pues no son ni objetos del conocimiento
ni objetos de sentido ni fenómenos saturados, sino objetos de razón
postulados especulativamente a partir de una generalización descriptiva
o racionalización imaginativa que, como dijimos, consiste en extrapolar
sobre la base de nuestra propia experiencia. Esta extrapolación tiene
como finalidad pensar el otro lado de las cosas, es decir, dar cuenta del
devenir tanto de los objetos de la experiencia como de los acontecimientos
extensivos. De acuerdo con esta idea, si hemos de alcanzar un "afuera",
este debe construirse sobre la base de la *sensibilidad pura*: una realidad
informe, desustancializada y sub-representativa que no pertenece a ningún
sujeto particular. La principal característica de esta realidad intensiva
es que siempre difiere de sí misma y, por lo tanto, no se deja contener
por el principio de identidad que define tanto a la metafísica tradicional
(aristotélica) como a la metafísica moderna (kantiana). En rigor, las
ocasiones actuales y los sujetos larvarios no son cuerpos materiales,

substancias o apariencias empíricas, sino versiones renovadas de las
mónadas de Leibniz, una suerte de *neomonadología*. En este sentido,
podemos afirmar que el afuera virtual de la experiencia sensible –la
*sensibilidad en sí*– ocupa un lugar intermedio entre el *fenómeno saturado*
de Marion (epistemológicamente opaco pero inmanente a la consciencia
fenomenológica) y la *cosa en sí* de Kant (concebida en términos positivos
como una substancia u objeto trascendente).

Si, como afirmamos al inicio, el acontecimiento vivencial o extensivo
de Marion no tiene una identidad fija porque su realidad efectiva desafía
las categorías de la metafísica, dicha realidad sigue dependiendo de objetos
perceptibles para poder manifestarse ante un espectador humano. Esto
implica que la incondicionalidad del fenómeno saturado no es total. En el
caso del atentado a las Torres Gemelas, está claro que el acontecimiento
no es ni el avión, ni las torres, ni la ciudad de Nueva York. Sin embargo,
depende de estos objetos físicos y sociales para poder manifestarse, un
poco como la velocidad depende de los cuerpos materiales en movimiento
para poder ser medida. De esto se desprende que el fenómeno saturado
es *relativo* a una escala "humana, demasiado humana" de realidad: el
acontecimiento para Marion *se da*, es decir, no puede ser aprehendido o
constituido por un sujeto cognoscente activo que impone sus categorías y
conceptos; *pero se da a los seres humanos y, en este sentido al menos, es parte
de la imagen manifiesta del pensamiento*. Si bien Marion nos habla de una
experiencia del Ser mismo, su fenomenología del puro aparecer sigue siendo
una expresión filosófica *antropocéntrica*, a pesar de que logra atenuar los
efectos del antropologismo y el subjetivismo colocando el énfasis del lado
del Ser. Por contraste, el acontecimiento vital en Whitehead y Deleuze no
es ni depende de objetos, fenómenos o fenómenos saturados que podamos,
si no intuir, al menos captar, sensiblemente. La diferencia es crucial ya
que, una vez más, las ocasiones actuales o los sujetos larvarios –como las
mónadas de Leibniz– no son dados directamente a la percepción, la praxis
o la observación científica, como sí ocurre con los objetos de la experiencia,
las cosas útiles o los cuerpos materiales, incluso con los fenómenos
saturados que se dan con una cierta opacidad epistémica pero que, al fin
y al cabo, son captados difusamente por la sensibilidad. Es evidente que la
postulación de estos entes subatómicos por parte de Whitehead y Deleuze

forma parte de un argumento metafísico cuya pregunta rectora es: ¿cuáles son las condiciones reales u ontogenéticas de individuación de los objetos *qua* objetos? Nótese que hablamos de las condiciones *reales* de los objetos por sí mismos, no de las condiciones *formales* de nuestro pensamiento sobre los objetos. Como dijimos, los objetos empíricos de talla media devienen a partir de un enjambre de micro decisiones o prehensiones, lo que Debaise, en su lectura de Whitehead, llama "centros de experiencia", una suerte de *manierismo universal*:

> Nuestra experiencia actual, ¿no nos exige acaso abandonar
> un paradigma puramente antropológico para enfocarnos en
> la multiplicidad de centros de experiencia, en las maneras
> de ser, en fin, en las relaciones múltiples que los existentes
> establecen entre sí para formar una naturaleza devenida
> esencialmente plural?[1]

Para Debaise, estos centros de experiencia capturan y moldean la sensibilidad pura posibilitando el surgimiento de objetos duraderos (o lo que Whitehead llama "sociedades") en el dominio de la experiencia. Asimismo, entre la multiplicidad de ocasiones actuales y los objetos duraderos (materiales, físicos, empíricos, etc.) hay una recurrencia de patrones programables que le brindan definición y consistencia a esa pluralidad disyunta de entes actuales que no cesan de producir diferencias. La función de estos patrones (lo que Whitehead llama "nexos") es canalizar el flujo de la vida y vehiculizar su convergencia hacia *esta* o *aquella* vida individual. En pocas palabras, la cosmología de Whitehead es una filosofía de lo más pequeño que busca explicar –con argumentos metafísicos más que empíricos– la irrupción o emergencia en el plano de la experiencia de los objetos manifiestos, su devenir primordial.

Dijimos al inicio que la principal diferencia entre Marion y Whitehead/ Deleuze consiste en que el primero nos habla de un acontecimiento *vivencial* en clave posfenomenológica mientras que los segundos nos hablan de un acontecimiento *vital* en clave ontológica o especulativa. Ahora estamos en condiciones de afirmar que ambos acontecimientos son el anverso y el reverso de una misma membrana que separa la experiencia acontecial de su afuera virtual. Si, por un lado, Kant se ocupa de las condiciones formales y *a priori* de la experiencia posible, reconocible y universal, poniendo el énfasis en la *subjetivación de las apariencias* y en su incorporación por parte de un sujeto cognoscente a esa totalidad sistemática, holística y racional que es la conciencia aperceptiva; y, por otro lado, Marion nos conduce a la periferia de la experiencia sensible, a una zona marginal que elude toda aprehensión conceptual por parte de dicho sujeto y se nutre de una fenomenalidad ampliada por la saturación, entonces Whitehead y Deleuze introducen la idea de que, con anterioridad a la subjetivación de las apariencias, el fenómeno en sí debe objetivarse como paso obligado a su manifestación ante un espectador consciente. Este devenir más profundo es producto de una multiplicidad de micro variaciones imperceptibles, de carácter intensivo y virtual, que solo pueden ser pensadas, jamás conocidas o experimentadas, pues la materialidad del acontecimiento vital no es, estrictamente hablando, la materialidad de las ciencias empíricas o naturales.

## Tercer acto: el hipercaos

Una tercera vía de exploración que ha sido abordada recientemente por la filosofía poscontinental es la del Realismo especulativo, el cual propone abandonar el paradigma del kantismo cuyo rasgo definitorio es la *correlación epistémica* (la complementariedad entre sintiencia y sapiencia). Así pues, Quentin Meillassoux nos habla de un "Gran Afuera" irrelativo, es decir, de un Real sin realismo que trascendería los límites más o menos difusos de la experiencia, tanto objetual como acontecial, y su *afuera virtual*. La propuesta es controvertida en la medida en que supone abandonar la dimensión trascendental, que es la principal conquista de la revolución copernicana iniciada por Kant. De hecho, uno de los pocos puntos de concordancia entre filósofos continentales y analíticos es la aceptación de que no se puede abandonar la correlación epistémica sin retroceder a un estadio precrítico del pensar. Dicho sin rodeos, se puede radicalizar la correlación, coquetear con un afuera de la sensibilidad en sí gobernada por diferencias puras, postular un afuera-para-nosotros fundado en la fenomenalidad saturada o la carne, y también excavar capas cada vez más primordiales de sentido apelando al lenguaje poético o a la alusión metafórica; lo que no se puede hacer es renunciar a la principal conquista del trascendentalismo, a saber, *el hecho de que solo podemos hablar directa o indirectamente de lo que nos afecta, es decir, de lo que podemos encontrar e individuar en tiempo y espacio*. Si, por definición, toda afección es sensible, es precisamente la sensibilidad la que nos conecta causalmente con el mundo, a la vez que impide un acceso directo a la realidad nouménica o en-sí.

El principal problema con el Gran Afuera es que rompe con este gesto básico del giro copernicano, sobre todo cuando Meillassoux argumenta que es posible, desde una orientación meramente teórica, apriorística y contemplativa, alcanzar lo Real sin un anclaje en la experiencia y los datos que nos brinda la sensibilidad: una suerte de *perspectiva aperspectiva*. En lo metodológico, hay aquí una rehabilitación del cartesianismo: la figura del hombre solo que hace filosofía en bata frente a la chimenea regresa de la mano de este filósofo que ha sido comparado con un pensador del siglo XVII en la medida en que propone una recuperación de la intuición intelectual a través de las matemáticas transfinitas, ostentando una forma de captación *sui generis* de lo Real que va a contramano del método científico y el ideal de una empresa del conocimiento que se autocorrige en el tiempo a través de la revisión sistemática de sus creencias. La ontología especulativa de Meillassoux postula una materialidad hipercaótica o supercontingente en estado puro que sería algo así como lo que subsiste con posterioridad a la extinción del universo o con anterioridad al Big Bang. Pero el problema con esta *materialidad metafísica* –que poco y nada tiene que ver con la materia física o cosmológica que estudian la cuántica y la astrofísica– es que no puede ser encontrada ni en la experiencia ni en la naturaleza, ni en el cielo, ni en la tierra, ni en la mente, ni en ningún otro lugar. Al igual que las ocasiones actuales y los sujetos larvarios, la materialidad del hipercaos es imperceptible, inobservable e indetectable en permanencia. No obstante, su postulación resulta harto problemática incluso desde una óptica estrictamente especulativa. Mientras que la especulación whiteheadiana/deleuziana en torno a lo virtual se apoya en la sensibilidad pura y la vida impersonal, el Gran Afuera parece estar completamente desconectado de la realidad física, empírica, social y mental que sostienen una especulación filosófica racional y razonable. Hay una muy fina línea entre especulación y mera conjetura.

De lo expuesto hasta aquí se desprende una idea tripartita del concepto de materia. En el primer caso, el de Marion, estamos frente a un concepto de materialidad sensible que, debido a la saturación, desborda la intuición conceptual y amplía el campo de la fenomenalidad. En el caso de Whitehead y Deleuze, la materialidad es una sensibilidad impersonal animada por un enjambre de ocasiones actuales o sujetos larvarios que, con sus micro decisiones (o prehensiones), esculpen las diferencias puras del sentir primordial y posibilitan la objetivación (o el devenir) de los objetos por sí mismos. Finalmente, para Meillassoux, hay una materialidad absoluta o metafísica desprovista de corporeidad física y eficacia causal que solo puede ser intuida intelectual o matemáticamente, ya que sería algo así como lo que subsiste luego de la extinción del cosmos.

## Último acto

La filosofía postkantiana se ha dedicado a excavar capas cada vez más primordiales de sentido e inteligibilidad: del objeto de la experiencia al fenómeno, del fenómeno al fenómeno saturado, del fenómeno saturado a la sensibilidad pura, de la sensibilidad pura al Gran Afuera hipercaótico. Sin embargo, como hemos argumentado en estas páginas, este último estadio del pensar que propone la filosofía especulativa constituye un retroceso dogmático. Estrictamente hablando, el nuevo materialismo es, como han sugerido varios comentaristas, una suerte de neoheideggerianismo que mantiene intacta la diferencia ontológica, aunque traspuesta a un registro metafísico que no postula un conjunto de categorías transhistóricas y atemporales como los existenciarios o los conceptos puros del entendimiento, tampoco un ente privilegiado como Dios o los universales platónicos, sino una materialidad hipercaótica y supercontingente que no puede ser conocida empírica o fenomenológicamente, solo intuida intelectual o matemáticamente. Si bien Meillassoux propone romper con el paradigma del heideggerianismo conduciéndonos a un estadio postextual de la teoría que busca inspiración en las matemáticas en lugar de la estética o las artes, en última instancia solo exacerba dicho paradigma al ser víctima de un traspié imaginativo que lo retrotrae a un momento precrítico del pensar: no porque postule un ser necesario o ejemplar, sino una forma de captación *incorregible* de lo Real. Siendo justos, uno puede creer que tiene cosas significativas para decir respecto de la realidad nouménica o en-sí, pero dicha creencia es injustificada y desemboca tarde o temprano en lo que Kant llamó una *ilusión trascendental*, un ensueño dogmático. Recientemente, algunos comentaristas han sugerido que en su afán por radicalizar el correlacionismo fuerte o posmoderno desde adentro, Meillassoux no alcanza un absoluto sino que arriba a una correlación más profunda que conecta la realidad hipercaótica de la materia en estado puro con las matemáticas transfinitas de Cantor. De acuerdo con esta interpretación, el materialismo especulativo sería en el mejor de los casos un estudio sobre la modalidad que poco y nada tiene para decirnos sobre la realidad o la mente. La lectura es generosa. A nuestra forma de ver, lo Real –el Gran Afuera– es una suerte de ultramundo que no es ni el espacio natural de las causas, ni el espacio normativo de las razones, ni el espacio fenomenológico de las motivaciones, ni el espacio estético de los procesos.

¿Qué queda de la especulación filosófica luego del Realismo especulativo? Es evidente que no podemos renunciar así como así a las principales conquistas de la revolución copernicana. En este sentido, al menos, el siglo XXI no ha dejado de ser kantiano. Sin duda, podemos y debemos empujar –a través de la especulación y la ciencia– el paradigma del kantismo más allá de las propuestas fenomenológicas de Husserl y Heidegger y su radicalización por parte de Marion. De hecho, pensadores híper racionalistas como Whitehead y Deleuze nos han enseñado desde una forma atenuada de especulación que hay un afuera-para-nosotros que puede ser explorado fructíferamente desde la estética, la sensibilidad y la vida sin caer en los excesos que representa el Gran Afuera irrelativo. En última instancia, no tenemos más opción que hablar directa o indirectamente de lo que nos afecta, hacer metafísica desde donde estamos parados. Si respetamos esta consigna básica tal vez podamos llegar a imaginar o representar el mundo como no siendo para nosotros, trascendiendo así los confines de una imagen manifiesta que nos obliga a entender dicho mundo –y la mente que en él se inserta– en términos de la propia mente. En lo que sigue, Debaise nos ofrece un diagnóstico alternativo a través de un diálogo profundo con el "espectro" de Whitehead, quien lo invita a contrarrestar el descoyunte conceptual del realismo especulativo con una sana dosis de *trascendentalismo especulativo*.

*Román Suárez y Laureano Ralón*

# Introducción

Nuestra experiencia de la naturaleza está atravesada por una creciente
tensión entre dos polos: por un lado, la concepción moderna de la
naturaleza que hemos heredado y que permea cada uno de nuestros
pensamientos, y por otro, las transformaciones ecológicas actuales[2]. Todo
sucede como si, en nuestro tiempo, dicha tensión hubiese alcanzado un
punto límite, como si los conceptos que desarrollamos, las abstracciones
que fabricamos y los modos de pensamiento que adoptamos no fuesen ya
capaces de profundizar y desarrollar nuestra experiencia de la naturaleza,
sino que contribuyesen a oscurecer irremediablemente su sentido. El
propósito de este libro es hacer evidentes las condiciones de un pensamiento
*otro* sobre la naturaleza a partir de la recuperación de una serie de
propuestas que encontramos en la filosofía de Alfred North Whitehead. Este
retorno a Whitehead puede resultar sorprendente. A pesar de que filósofos
tan diversos como Bergson, Dewey, Merleau-Ponty y Deleuze recibieron
con entusiasmo sus ideas cosmológicas, en general dichos ideas fueron
poco conocidas y, más allá de estos casos puntuales, no ejercieron una
influencia notable en la filosófica reciente[3]. Tal vez esta situación marginal
con respecto a los principales movimientos de la filosofía contemporánea
sea lo que explique el renovado interés por el pensamiento de Whitehead
en los últimos años. Es como si las razones de esta condición "menor"
fueran las mismas que hoy hacen de su figura algo tan relevante, como si la
extrañeza de las preguntas que lo animaron, y las afirmaciones cosmológicas
y especulativas que impregnan su obra, hubieran sido inaudibles de un
tiempo a esta parte, encontrándose en la actualidad, contra todo pronóstico,

en el centro de las preocupaciones de nuestro tiempo[4]. En continuidad con trabajos recientes que desarrollan las ideas de Whitehead, nos proponemos a continuación investigar los instrumentos que aporta su filosofía a la hora de pensar la concepción moderna de la naturaleza y determinar así las condiciones para su posible superación, avanzando hacia lo que quisiéramos llamar un "manierismo universal"[5]. Nuestro propósito es doble: mostrar que la concepción moderna de la naturaleza no expresa ontología real alguna (monista o dualista) sino que, por el contrario, es esencialmente *operativa;* y que, si queremos comprender cómo terminó por imponerse una cierta representación de la naturaleza, debemos interrogar y poner de relieve el estatus de las operaciones que la hicieron posible. El núcleo de esta operación, el gesto constitutivo que la define, es la división de la naturaleza en dos modos de existencia heterogéneos cuya expresión paradigmática es la distinción entre cualidades "primarias" y "secundarias". Es a partir de esta diferenciación que tienen lugar todas las distribuciones de los seres, todas las oposiciones entre sus atributos y aspectos: existencia y valor, naturaleza real y naturaleza aparente, hecho e interpretación. El segundo objetivo de este libro es introducir el término "manierismo universal" para proponer una superación posible de esta operación. Argumentaremos que el ser y la forma se entremezclan y que, en consecuencia, hay tantos modos de existencia en la naturaleza como maneras de experimentar, de sentir, de producir sentido y de dar importancia a las cosas. El sentido del valor, de la importancia y de los fines (que en la experiencia moderna se ordenan bajo la noción de "añadidos psíquicos", esto es, proyecciones efectuadas por el ser humano sobre una naturaleza que, de otro modo, carecería de dichos elementos) se encuentra por todas partes: desde las formas más elementales asociadas a la vida de los microorganismos hasta la conciencia reflexiva. La pregunta especulativa que recorre esta obra es: ¿cómo otorgarle su debida importancia a la multiplicidad de formas de ser que existen en la naturaleza?

# Capítulo 1

## La cosmología de los modernos

Quisiéramos hacer nuestra, y a la vez actualizar, la protesta de Whitehead respecto de lo que él llama la "bifurcación de la naturaleza". Esta expresión, enigmática a primera vista, designa el conjunto de las operaciones experimentales, epistemológicas y políticas que están a la base de la concepción moderna de la naturaleza, concepción siempre actual en sus efectos. Situemos en un primer momento la expresión "bifurcación de la naturaleza" para, en seguida, profundizar su análisis. Aparece en el primer libro realmente filosófico de Whitehead, *El concepto de naturaleza*, publicado en 1920. Por entonces, Whitehead ya poseía una obra considerable. Era reconocido por sus trabajos en matemáticas, y sobre todo, por la coautoría junto a B. Russell de *Principia Mathematica*. Sin embargo, *El concepto de naturaleza* representa un verdadero giro en su orientación. Es el primer texto en el que Whitehead se aboca a una tarea que signará todos los desarrollos posteriores de su filosofía: "poner la base de una filosofía natural que es el presupuesto necesario de una física especulativa reconocida"[6]. Sin duda es posible encontrar en sus obras anteriores algunas intuiciones que anticipan esta línea de investigación, sobre todo en *An Inquiry Concerning the Principles of Natural Knowledge*, publicado en 1919. Pero es a partir de *El concepto de naturaleza* que Whitehead se embarca en un estudio sistemático de las abstracciones científicas, estudio que se ampliará en *Proceso y realidad*, su obra mayor, abordando en ella todos los aspectos de la experiencia. Por el momento, es importante señalar que Whitehead se presenta hasta aquí como un científico que atestigua un estado de crisis fundamental en su campo, las ciencias naturales, cuya superación exigirá un cambio radical de paradigma. Esta es una de las constantes obsesiones que atraviesan su obra, y Whitehead clarifica su sentido en un texto posterior, *La ciencia y el mundo moderno:*

> El progreso de la ciencia ha llegado a un momento crucial.
> Las bases estables de la física se han debilitado: también,
> por primera vez, la fisiología se yergue como un cuerpo
> real de conocimiento y no como un montón de sobras. Las
> antiguas bases del pensamiento científico se están volviendo
> ininteligibles. El tiempo, el espacio, la materia, lo material,
> el éter, la electricidad, el mecanicismo, el organismo, la
> configuración, la estructura, el esquema, la función, todo
> requiere reinterpretación.[7]

Sin embargo, situar la bifurcación en el contexto de la ciencia moderna no restringe en absoluto su importancia a un campo específico del saber. De hecho, es toda la filosofía moderna la que se ve trastocada por el error de la bifurcación[8]. Whitehead no dice mucho más al respecto y nos obliga a desplegar por nosotros mismos las implicaciones de su diagnóstico, incluidas las consecuencias de la transición de la ciencia moderna al conjunto de la filosofía natural moderna. No obstante, podemos identificar dos elementos en este breve pasaje que nos ayudarán a clarificar el estatus de la bifurcación. En primer lugar, su importancia se ve relativizada. No se trata de una constante que recorre toda la historia de la experiencia de la naturaleza para imponerse como una forma trascendental de la que derivarían, en cuanto meras figuras o expresiones, las diferentes concepciones de este fenómeno sino que, por el contrario, la bifurcación se encuentra firmemente *situada* en la historia. Por supuesto que sería excesivo ver en esto el momento de una génesis absoluta de la bifurcación, ya que sus influencias históricas son múltiples y sus condiciones conceptuales se arraigan en un pasado inmemorial (aunque esto último de ningún modo reduce la idea de que la bifurcación, dada su efectividad, se halla emplazada históricamente). De manera implícita, lo que está en cuestión es el carácter epocal o histórico de la teoría. En segundo lugar, Whitehead le otorga un espacio de aplicación a este concepto que en principio parece no tener límite, pues afirma que el periodo moderno se verá "completamente afectado" por la bifurcación.

No cabe duda de que este concepto encuentra sus orígenes en los desarrollos de la ciencia moderna. Fue durante una investigación sobre la invención de la ciencia moderna y el lugar específico que este nacimiento ocupa en la historia de las ciencias que Whitehead acuñó el término con miras a identificar su función constitutiva. Sin embargo, a pesar de que la cuestión de la bifurcación tiene su origen en las prácticas experimentales, de ningún modo puede ser restringida a un ámbito particular de la experiencia moderna, pues está a la base de una transformación global que abarca todos los niveles de la experiencia. En otros textos, Whitehead habla de un "interés predominante" que opera como fuente y expresión de toda cosmología, es decir, que afecta al conjunto de las dimensiones de la experiencia de la naturaleza, sean estas epistemológicas, estéticas o morales. Es en este contexto que Whitehead le atribuirá una primera función a la filosofía, la cual luego se articulará con otras:

> La filosofía, en una de sus funciones, es la crítica de las cosmologías. Su función es armonizar, reformar y justificar intuiciones divergentes en cuanto a la naturaleza de las cosas. Debe insistir en el escrutinio de las ideas últimas y en conservar todas las pruebas cuando confecciona nuestro esquema cosmológico.[9]

Así pues, ambos aspectos se entrecruzan: la inscripción del concepto de bifurcación en el interior de una época particular parece reducir su importancia ya que le brinda un carácter temporal, pero al mismo tiempo le permite a Whitehead colocarlo en un ámbito singular que opera en todos los niveles de la experiencia.

## El gesto de la bifurcación

Aclarado el contexto en el que se origina la bifurcación, podemos ahora enfocarnos en los detalles de su constitución y preguntarnos directamente: ¿qué es exactamente la bifurcación de la naturaleza? En las primeras páginas de *El concepto de naturaleza*, Whitehead nos ofrece una definición en forma de queja:

> Mi protesta va esencialmente dirigida contra la bifurcación de la naturaleza en dos sistemas de realidad, que, en la medida en

que son reales, son reales en sentidos diferentes. Una realidad la constituirían entidades tales como los electrones que son objeto de estudio por parte de la física especulativa. Esta sería la realidad que se da para el conocimiento, aunque nunca es conocida según esta teoría. Lo que se conoce es la otra especie de realidad, que es el juego aparte de la mente.[10]

Este pasaje ha dado lugar a una serie de lecturas incorrectas e interpretaciones erróneas acerca del objeto mismo de lo que habría de entenderse por bifurcación. A fin de proponer una recepción más adecuada de los desafíos que nos presenta dicho concepto, tomemos el pasaje en su forma más inmediata. La primera impresión que se impone es que la bifurcación remitiría, de un modo u otro, al *dualismo*. El léxico, los términos y las oposiciones utilizadas así lo sugieren. En efecto, ¿no encontramos en esta diferencia entre "la realidad que existe para el conocimiento" y la realidad establecida con "competencia de la mente", incluso en términos como "naturaleza causal" y "naturaleza aparente", la distinción entre extensión y pensamiento, materia y mente? De ser correcta esta impresión, la bifurcación sería una expresión más para referirse al dualismo y, por qué no, una manera distinta de formular la crítica a las filosofías dualistas, principalmente de corte cartesiano, y su influencia en el periodo moderno. Si la filosofía de Whitehead fuese leída de este modo, ciertamente se beneficiaría por su afinidad con otras críticas al dualismo, pero sin duda perdería originalidad. Aun así, es esta lectura, la de una nueva interpretación crítica del dualismo, la que a la larga terminó por imponerse. La encontramos en los cursos que Merleau-Ponty[11] consagró a la filosofía de Whitehead, y en los libros de Jean Wahl (principalmente en *Vers leconcret*[12]). Pero es F. Cesselin quien, en su libro *La Philosophie organique de Whitehead*, convertido ya en una referencia ineludible, lo expresa de la manera más potente: "Yo creo que no se puede comprender bien el pensamiento de Whitehead si no se empieza por observar lo que él entiende por el rechazo de la 'bifurcación' de la naturaleza. La bifurcación de la naturaleza es el dualismo, y en particular, el dualismo cartesiano"[13]. Esta interpretación no es un caso aislado, pues expresa de manera clara y sucinta aquello que muchos de los lectores de Whitehead han creído encontrar en la bifurcación.

Nosotros, en cambio, proponemos otra forma de recepción que consiste en trazar *una diferencia radical entre la bifurcación y el dualismo*. No pretendemos afirmar que las lecturas de la bifurcación que se han hecho hasta el momento sean incorrectas, pero sí que han minimizado su importancia y que, si queremos darle su justa actualidad, es otro el abordaje que debemos adoptar. Para establecer nuestra hipótesis, traeremos a colación tres elementos. En primer lugar, cuando Whitehead inventa el concepto de bifurcación, manifiesta una singular indiferencia sobre la cuestión del dualismo. Si con frecuencia se refiere al dualismo en sus escritos, y en especial al dualismo cartesiano, cada vez que menciona, caracteriza y rastrea la influencia de la bifurcación en la experiencia del mundo moderno lo hace sin evocar su conexión con el dualismo. Si, efectivamente, la bifurcación fuese apenas otro nombre para el dualismo, y si Whitehead realmente estuviese tratando de mostrar su eficacia constitutiva en el desarrollo de las ciencias modernas, ¿por qué entonces nunca se tomó el trabajo de relacionar ambos términos de forma explícita? La respuesta más plausible es que estos dos problemas le parecieron tan distintos que no creyó necesario hacer una comparación. Al parecer, la diferencia entre ambos era tan obvia que no requería, a su entender, explicación alguna. De hecho, la única vinculación posible, según Whitehead, consiste en una relación de inversión. Una de las raras ocasiones en que Whitehead conecta la bifurcación con el dualismo se encuentra en *La ciencia y el mundo moderno*[14]. Allí escribe que "la renovación de la filosofía en manos de Descartes y de sus sucesores estuvo completamente configurada en su desarrollo por aceptar la cosmología científica al pie de la letra [la bifurcación de la naturaleza]"[15]. Esta cita es particularmente importante y amerita una lectura más atenta. Lejos de plantear una identidad entre ambos temas, Whitehead afirma la dependencia de la filosofía cartesiana y, por extensión, del dualismo, respecto de la bifurcación. Es la filosofía cartesiana la que ha heredado "sin la menor vacilación" una cosmología de la bifurcación de la naturaleza. Esta rara alusión a la relación entre la bifurcación de la naturaleza y la filosofía cartesiana hace que la posición de Whitehead se vuelva más clara pese a que él mismo no desarrolle por completo sus implicaciones. La conclusión que se impone a nuestra lectura de este pasaje es que la noción de bifurcación es una concepción más amplia y más fundamental que la simple cuestión del dualismo, que no es más que una de sus manifestaciones posibles. Por último, si tomamos la expresión en su sentido más directo y literal, descubriremos que las dos concepciones designan realidades muy distintas. La noción de bifurcación manifiesta la idea de un proceso o movimiento de diferenciación: la trayectoria por la cual la naturaleza se dividió en dos ramas separadas. La cita no dice nada sobre el modo en que tuvo lugar esta división, menos aún sobre aquello que la produjo y, sin embargo, revela una primera diferencia importante con el dualismo. Si entendemos por dualismo la dualidad de las substancias (sin importar la manera en que se definan), entonces podremos afirmar que la bifurcación alude a algo más: a saber, cómo una realidad única, la naturaleza, se dividió en dos órdenes distintos. Proponemos el uso de los términos "gesto" y "operación" para dar cuenta de esta división de la naturaleza, pues nos parece que estos conceptos caracterizan de la manera más adecuada posible la singularidad de la bifurcación[16]. La cuestión primordial no es la de saber si, en efecto, la naturaleza en sí está compuesta de dos tipos de cualidades diferentes, sino a través de qué medios se estableció esta diferenciación entre cualidades. Es el *modus operandi* de la división lo que necesitamos abordar, su gesto constitutivo, no sus consecuencias tal como son expresadas por la visión dualista de la naturaleza.

Por lo tanto, no hay que buscar el origen de la bifurcación en la relación entre la mente y la extensión, el alma y el cuerpo, lo aparente y lo real, sino en las características de los cuerpos mismos. La bifurcación encuentra su sentido en la intersección de una multiplicidad de interrogantes. ¿Qué es un cuerpo natural? ¿Cuáles son sus cualidades y cómo las experimentamos? ¿Podemos reducir la multiplicidad de los cuerpos, tanto físicos como biológicos, a sus características comunes? Y de ser así, ¿cuáles serían? Estas preguntas son las mismas que surgen de la distinción entre las cualidades primarias y secundarias de los cuerpos, distinción que está en el origen de la concepción moderna de la naturaleza, de la que seguimos siendo sus herederos.

Uno de los textos clásicos que especifica con mayor precisión la diferencia entre las cualidades de los cuerpos y que constituye el punto de partida para la crítica de la bifurcación desarrollada por Whitehead es el *Ensayo sobre el entendimiento humano* de Locke. Ciertamente, no encontraremos en el *Ensayo...* el origen mismo del problema. De hecho, el libro de Boyle, *El origen de las formas y de las cualidades según la filosofía corpuscular*, publicado en 1666, ejerció una clara influencia en el pensamiento del propio Locke y ya contenía lo esencial sobre la diferencia entre las cualidades de los cuerpos. Sin embargo, lo importante a esta altura de la discusión no es rastrear la historia de la bifurcación en cuanto tal, sino poner de manifiesto su invención múltiple así como su consolidación en el interior de las prácticas experimentales a la luz de aquellos textos que le facilitaron su expresión conceptual. El *Ensayo...* de Locke y, en particular, el capítulo titulado "Otras consideraciones sobre las ideas simples" del libro II, es paradigmático en este sentido. He aquí la manera en que Locke plantea la distinción:

> A esas cualidades las llamo *cualidades originales o primarias* de un cuerpo, las cuales, creo, podemos advertir que producen en nosotros las ideas simples de la *solidez*, la *extensión*, la *forma*, el *movimiento*, el *reposo* y el *número*. Pero, en segundo lugar, hay cualidades tales que en verdad no son nada en los objetos mismos, sino potencias para producir en nosotros diversas sensaciones por medio de sus cualidades primarias, es decir, por el bulto, la forma, la textura y el movimiento de sus partes insensibles, como son colores, sonidos, gustos, etc. A estas llamo *cualidades secundarias*.[17]

En este pasaje, Locke sitúa las cualidades de los cuerpos en dos órdenes distintos. En primer lugar, están las *cualidades primarias,* que no pueden ser separadas de los cuerpos. El término "primarias" debe ser tomado en un sentido fuerte, pues indica que dichas cualidades son propiedades fundamentales de los cuerpos que definen su realidad más profunda. Las cualidades primarias expresan la naturaleza más pura de los cuerpos, sin importar las alteraciones a las que estos puedan sufrir. Todas las cualidades que Locke enumera en este pasaje se sitúan en un espacio paramétrico que incluye la solidez, la extensión, el número, el movimiento y el reposo. Podemos entonces arriesgar una primera respuesta a la pregunta, "¿qué es un cuerpo natural?". Diremos que es una articulación específica entre cualidades psicomatemáticas. Locke ofrece un ejemplo que ya se ha vuelto célebre: "Tomemos un grano de trigo y dividámoslo en dos partes; cada parte todavía tiene solidez, extensión, forma y movilidad. Divídase una vez más, y las partes aún tienen las mismas cualidades; y si se sigue dividiendo hasta que las partes se hagan insensibles, retendrán necesariamente, cada una de ellas, todas esas cualidades"[18]. Las variaciones fenoménicas, como el color del grano, su textura particular o las sensaciones que tengamos de él, no afectan en absoluto la atribución de las cualidades primarias que le son propias. Y aunque las divisiones del grano hagan que en algún punto este se vuelva imperceptible y ello disminuya su capacidad de producir una experiencia sensorial en nosotros, las cualidades primarias, puesto que son irreductibles y remiten a lo que podríamos llamar el aspecto no subjetivo de la naturaleza, deben considerarse como constitutivas de la experiencia que tenemos de todos los cuerpos. Por ello, si no hubieran cualidades primarias, la naturaleza sería una "triste cosa sin sonidos, sin olores, sin colores; es simplemente el rodar a prisa de la materia, sin fin y sin sentido"[19]. Sería equivocado creer que estamos ante un abordaje conceptual anticuado, pues su influencia aún perdura en la ciencia contemporánea:

> No obstante, a través de todo el periodo persiste la cosmología científica fija que presupone como hecho último una materia prima irreductible, o material, extendida en el espacio en un flujo de configuraciones. En sí mismo semejante material carece de sensibilidad, de valor y de finalidad. Hace simplemente lo que hace, siguiendo una rutina fija impuesta por relaciones externas que no brotan de la naturaleza de su ser. Llamo a esta presuposición "materialismo científico". Es una presuposición que rechazaré por ser enteramente inadecuada para la situación científica a la que hemos llegado ahora.[20]

De este modo, la crítica a la bifurcación se vincula con una crítica radical del "materialismo". En un texto titulado, "Aquello que está vivo y aquello que está muerto en el materialismo", R. Ruyer, uno de los lectores más originales de Whitehead, ofrece una imagen que él califica de "pintoresca" y casi "humorística" de este materialismo tan criticado por Whitehead. Retomando a Carlyle, imagina un tribunal de justicia visto con los ojos de un materialista heredero de la bifurcación de la naturaleza: "Experimenta una curiosa metamorfosis, una suerte de desnudamiento [...]. El halo de significados, las esencias, los valores, todo aquello que para un espectador ordinario transfigura la materialidad de la escena y lo hace casi olvidarla, todo eso se disipa como una bruma"[21]. Lo que persiste para el materialista es el funcionamiento de "Una suerte de mecánica complicada, dada completamente en el presente y a través del espacio, donde los pedazos de materia se empujan unos a otros. Un hombre habla, el estado de su cerebro dirige el desarrollo de su discurso, las vibraciones del aire modifican otros sistemas nerviosos y ordenan movimientos o preparativos de movimientos. Ninguna intención ni finalidad orientan las etapas de la escena ya que las intenciones son solo estados presentes del cerebro."[22] Ruyer caricaturiza una variante del materialismo conocida como fisicalista, pero lo hace con la intención de delinear otras vías posibles, otras orientaciones, otras direcciones. Así pues, las críticas que Whitehead dirige al materialismo científico están emparentadas con la afirmación de un materialismo superior, un materialismo que él llama "organicista"[23] y que, lejos de reenviar a la bifurcación, se vincula a filosofías como las de Diderot o Spinoza[24]. El materialismo que Whitehead critica es el que, por un lado, postula un "material desprovisto de sentido, de valor y de finalidad", y por otro, concibe experiencias fenoménicas que deben ser causadas por una materia pura desprovista de cualidades. Lo que debemos tener en cuenta es que tanto las cualidades primarias, como el tipo de materialismo que las reivindica, rechazan todas las dimensiones subjetivas de la experiencia, es decir, todas las sensaciones, valores, modalidades de ser que de alguna manera recubren los cuerpos que hallamos en la naturaleza.

Pasemos ahora a las cualidades que Locke llama secundarias. En el pasaje citado, Locke nos ofrece algunos ejemplos: los colores, los sonidos, los sabores, etc. Es importante notar que tales cualidades no son descritas como simples proyecciones de la mente sobre los cuerpos, como si el sujeto que percibe impusiera formas o impresiones completamente externas y sin relación con los cuerpos que está percibiendo (el tribunal al que nos referíamos anteriormente). Aquí estriba la dificultad que se presenta al final del extracto del *Ensayo*. Locke dice que las cualidades secundarias no son otra cosa que "potencias para producir en nosotros diversas sensaciones por medio de sus cualidades primarias"[25], lo cual remite a una compleja relación de dependencia y de diferenciación. Sin duda es una cuestión que atañe a la mente, pues es gracias a la percepción que las cualidades primarias son alteradas y forman los diferentes aspectos a través de los cuales las experimentamos. Sin embargo, la capacidad de la mente está íntimamente relacionada con la *capacidad* que tienen las cualidades primarias de afectarla. En otras palabras, las cualidades secundarias, aunque se distinguen claramente de las primarias, derivan y son un aspecto de estas últimas. Constituyen el dominio de lo que se conoce como "añadidos psíquicos", gracias a los cuales el materialismo puede abrir un espacio para la experiencia subjetiva:

> Percibimos la bola roja en el momento apropiado, en el
> lugar apropiado, con el movimiento apropiado, con la dureza
> apropiada y con la inercia apropiada. Pero su rojo y calor y el
> sonido del golpe en seco cuando se larga una carambola son
> adiciones psíquicas, es decir, cualidades secundarias que no
> son más que la manera como la mente percibe la naturaleza.[26]

La teoría de los añadidos psíquicos, que permite en el contexto de la bifurcación articular las cualidades primarias con las secundarias, parece reservar un lugar para la experiencia fenoménica de los cuerpos, ya que garantiza la inscripción de estos últimos en un orden de cualidades no fenoménicas. No tenemos en nuestra realidad inmediata más que experiencias híbridas, cualidades derivadas de las potencias de los cuerpos, pero filtradas por la mente. En este sentido, y en términos más contemporáneos, uno podría releer los ejemplos precedentes y señalar que:

> Lo que se da a la percepción es la hierba verde. Es un objeto
> que conocemos como formando parte de la naturaleza. La
> teoría de los añadidos psíquicos consideraría lo verde como
> una adición psíquica suministrada por la mente perceptora,
> y dejaría a la naturaleza las moléculas y la energía irradiada
> que ejerce influencia sobre la mente en la dirección de esa
> percepción.[27]

El gesto decisivo de la distinción entre cualidades primarias y secundarias es que se parte de una base empírica (la percepción del grano de trigo, la bola de billar roja, la hierba verde, el tribunal de justicia) para luego diferenciar

las cualidades no perceptivas de las subjetivas que, se supone, derivan de
ellas y en cierto modo las expresan. Es aquí donde se produce la operación
de la bifurcación: ella divide la experiencia inmediata en dos órdenes
distintos de existencia para colocar en un dominio fenoménico, derivado,
todo aquello que constituye la experiencia primaria de la naturaleza. Una
vez establecida la bifurcación, una vez que los regímenes se han estabilizado
y la experiencia subjetiva se ha visto reducida a un epifenómeno, se podrá
entonces afirmar que un conocimiento en profundidad de las cualidades
primarias, aunque *de hecho* se postergue indefinidamente, debería permitir
*por derecho* y por derivación conocer las cualidades secundarias de las cosas,
ahorrando así una exploración de la percepción de los cuerpos en cuanto
tales. Sobre esta base, proponemos definir el proceso de conocimiento, para
cualquier epistemología cuyo fundamento sea la bifurcación, como una
operación de correlación entre cualidades secundarias (simples apariencias)
y cualidades primarias (puras conjeturas):

> Otra manera de formular esta teoría contra la cual estoy
> arguyendo es bifurcando la naturaleza en dos, a saber: en
> la naturaleza aprehendida en la toma de conciencia y en
> la naturaleza que es la causa de la toma de conciencia.
> La naturaleza que es el hecho aprehendido en la toma de
> conciencia retiene consigo el verdor de los árboles, el canto
> de los pájaros, el calor del sol, lo duro de la silla y la sensación
> del terciopelo. La naturaleza que es la causa de la toma
> de conciencia es el sistema conjeturado de moléculas y de
> electrones que afecta a la mente que llega a producir la toma
> de conciencia de una naturaleza aparente.[28]

De esto se desprende que la invención moderna de la naturaleza no tiene su
origen en una posición ontológica, dualista o monista, sino en las *operaciones
locales* de cualificación de los cuerpos mismos. La ontología de los modernos
es la manera en que se trató de expresar, y a la vez encubrir, la constante
separación de los cuerpos y sus cualidades. En pocas palabras, la ontología
presupone los gestos, las técnicas y las operaciones de la división.

Lo mismo aplica para los dispositivos experimentales. Por ejemplo, la
invención del plano inclinado por Galileo, descrita en sus notas publicadas
en 1608, ilustra perfectamente esta preeminencia de los dispositivos

operatorios que están a la base de la bifurcación sobre todas las teorías que, con posterioridad, ofrecerán justificaciones diversas. Como señala Stengers en *La invención de las ciencias modernas*:

> Este esquema representa un dispositivo en el sentido moderno
> del término, un dispositivo del que Galileo es el autor, en
> el sentido fuerte del término, en tanto que se trata de un
> montaje artificial, premeditado, productor de "factos de arte",
> de artefactos en un sentido positivo. Y la singularidad de este
> dispositivo es, como podemos ver, que le permite a su autor
> retirarse y permitir que el movimiento testifique en su lugar.[29]

El dispositivo es, por lo tanto, una construcción con firma y fecha, un artefacto completamente inventado cuya función es la de introducir una diferencia entre las formas de explicar el movimiento. El dispositivo no reproduce una observación directa en una escala distinta; tampoco generaliza o aumenta un fenómeno local. El dispositivo experimental rompe con toda relación directa de semejanza, conformidad o reproducción. Ciertamente no encuentra su justificación en una experiencia atestiguada que simplemente haría visible. Por el contrario, el éxito del dispositivo hay que buscarlo más allá, en la retirada de su autor en favor de lo que atestigua el movimiento por sí mismo. En este sentido el "mundo ficticio propuesto por Galileo no es solamente el mundo que Galileo sabía cómo interrogar; es un mundo que nadie mejor que él podía interrogar, un mundo cuyas categorías son prácticas porque son propias del dispositivo experimental que él mismo inventó"[30]. De acuerdo con los términos que nos han permitido plantear el problema hasta aquí, podemos afirmar que el dispositivo pretende, a través de la construcción de un artefacto cuyo andamiaje buscará posteriormente borrar, hacer que la naturaleza se bifurque en dos ramas: las cualidades primarias que se despliegan ellas mismas como movimiento y las cualidades secundarias que son las explicaciones de dicho movimiento.

En cambio, nosotros afirmamos que la bifurcación entre cualidades primarias y secundarias es la operación constitutiva por excelencia de la experiencia moderna de la naturaleza. En este sentido, coincidimos plenamente con las tentativas actuales que buscan devolverle toda su importancia a la discusión filosófica sobre las cualidades. Así, por ejemplo, en *Después de la finitud,* Quentin Meillassoux lamenta que la discusión sobre la distinción entre cualidades primarias y secundarias cayera en desuso: "La teoría de las cualidades primarias y secundarias parece pertenecer a un pasado filosófico irremediablemente perimido"[31]. Se trata de un tema recurrente del libro, como puede comprobarse unas líneas más abajo, cuando el autor afirma que el debate "podría parecer al lector de hoy como una sutileza escolástica sin apuesta filosófica esencial"[32]. Coincidimos plenamente con Meillassoux en la importancia del debate sobre la constitución de la experiencia moderna. De hecho, los desarrollos que hemos propuesto hasta aquí tuvieron como principal propósito resaltar la importancia de la diferencia entre las cualidades de los cuerpos. Sin embargo, quisiéramos tomar distancia del enfoque de Meillassoux en al menos dos puntos: en primer lugar, hemos intentado mostrar que el aspecto caduco de la diferencia entre las cualidades (la impresión de que esta pertenecería a un pasado caduco), lejos de haber disminuido su influencia en el pensamiento contemporáneo es, sin duda, su principal condición. La separación de las cualidades resulta cada vez más eficaz, mientras que las operaciones que la posibilitan permanecen ocultas en un segundo plano; se despliegan silenciosamente en el interior de todas las esferas de la experiencia y preceden cualquier posicionamiento ontológico explícito. Si una "rehabilitación", como la llama Meillassoux, ha de tener sentido, no será porque intente revivir un proyecto que ha quedado entre paréntesis en el interior de la filosofía contemporánea, pues dicho proyecto nunca ha estado tan vivo como hoy. Una "rehabilitación" tal debe proceder en una dirección genealógica que saque a la superficie estos gestos y operaciones con el fin de identificar mejor los compromisos teóricos y ontológicos que ellos presuponen. En segundo lugar, Meillassoux sostiene que la condición de una renovación de la "relación misma del pensamiento con lo absoluto" encontrará su expresión plena en una nueva forma de materialismo; esta es la dirección que él persigue cuando plantea la cuestión del legado actual de la diferenciación. Por contraste, nosotros hemos intentado mostrar que el materialismo que resulta de la bifurcación, el cual describiremos más extensamente en las siguientes páginas, es un materialismo esencialmente formal que exige distribuir todas las formas de existencia que hallamos en la naturaleza en una de dos ramas de una división estrictamente operatoria. Estas operaciones han tenido efectos localizados y, sin embargo, su reificación en una forma ontológica más general solo puede lograrse a expensas de los aspectos esenciales de la pluralidad de formas de existencia que encontramos en la naturaleza. La principal razón por la que es crucial, en la actualidad, retomar de manera clara y sostenida el debate sobre las cualidades primarias y secundarias es la superación de esta oposición y la concepción de la naturaleza que de ella deriva. Si un nuevo materialismo ha de emerger, no será sobre la base de la bifurcación, sino justamente a partir de su superación.

## La localización de la materia

La bifurcación abre una zona oscura que se aglutina en torno a sus propias operaciones. En la medida en que toda la experiencia moderna de la naturaleza, desplegada en el interior de la bifurcación, nos remite a las cualidades primarias de los cuerpos, a la vez constitutivas de la experiencia e inaccesibles para ella, se hace necesaria una investigación más exhaustiva de los cuerpos naturales. Esta zona oscura, puesta en escena, dramatizada, llevada a su máxima expresión, no es otra cosa que las cualidades primarias mismas. La cuestión, dejada en suspenso por el gesto fundante de la bifurcación, es cómo caracterizar los cuerpos una vez que les son sustraídas sus dimensiones fenoménicas. La operación de la bifurcación se limita a repetir de manera constante la separación de las cualidades en una multiplicidad de registros (físico, biológico, social, etc.). Pero esta separación nos devuelve una serie de interrogantes que no encuentran una respuesta adecuada: ¿qué es un cuerpo cuando se lo separa de sus cualidades secundarias? ¿Cómo dar cuenta de un cuerpo si ya no contamos con dichas cualidades? ¿Qué tipo de conocimiento nos permitiría penetrar el interior de sus cualidades no observables? De acuerdo con la interpretación que proponemos aquí, la imposibilidad de responder a la caracterización de las cualidades primarias no es una debilidad de la concepción moderna de la naturaleza sino su potencia constitutiva. Es la dramatización de esta dificultad lo que la conforma, y habrá que llevarla a un punto extremo para otorgarle a la segunda operación constitutiva de la cosmología moderna su justa importancia. Whitehead la caracteriza con una nueva expresión: la "localización simple de la materia". Esta segunda operación nos brinda las abstracciones necesarias para el tratamiento de los cuerpos naturales. Citamos a continuación un largo pasaje en el que Whitehead la describe en estos términos:

> Decir que una porción de materia tiene locación simple significa que al expresar sus relaciones espacio-temporales, es correcto afirmar que está donde se encuentra, en una región definida del espacio, y a través de una duración definida del tiempo, haciendo caso omiso de toda referencia esencial de las relaciones que esa porción de materia pueda tener con otras regiones del espacio o con otras duraciones del tiempo. Reitero también que este concepto de localización simple es independiente de la discusión entre las visiones absolutistas y relativistas del espacio y del tiempo. Mientras que una teoría del espacio, o del tiempo, pueda dotar de sentido, ya sea absoluto o relativo, a la idea de una región definida de espacio, y a una duración definida de tiempo, la idea de localización simple tendrá un significado perfectamente claro.[33]

Whitehead parece afirmar, en sintonía con la concepción moderna de la naturaleza, que la posibilidad de ser localizado, es decir, de tener una localización simple, es una cualidad propia de la materia. Sin embargo, es importante no malinterpretar este punto, ya que su propuesta es mucho más radical todavía: la materia *sólo* es localización. Esta idea representa el elemento más crucial del pasaje. A la pregunta, "¿qué es la materia para la experiencia moderna?", podemos responder: un punto *localizable*. Se trata de una definición mínima, pero tiene un efecto decisivo en la medida en que las preguntas relativas al origen, a la forma y la composición de la materia son reemplazadas por una pregunta completamente distinta: ¿en dónde se sitúa? En este sentido, uno podría decir, citando a R. Ruyer, que "aquello que caracteriza a la ciencia [...] es que es conocimiento de aquello que está en el espacio y en el tiempo"[34]. Es como si el cuerpo, despojado de sus "añadidos psíquicos", no fuera más que un elemento localizable en un espacio-tiempo. Así pues, no se puede comprender el "materialismo científico" si no se toma en cuenta esta circularidad propia de la definición de materia y de espacio-tiempo que reduce la materia a un elemento localizable: "el material está *aquí* en el espacio y *aquí* en el tiempo, o *aquí* en el *espacio-tiempo*, en un sentido perfectamente definido que para su explicación no requiere ninguna referencia a otras regiones del espacio-tiempo"[35]. Tenemos, entonces, una multiplicidad de *aquís y ahoras* que delimitan con precisión las zonas de la materia y las fronteras que la separan de otras regiones del cosmos. De acuerdo con esta perspectiva, para dar cuenta de un espacio-tiempo no se necesita referencia alguna a otros espacio-tiempos. Por lo tanto, la respuesta propia del siglo XVII a la pregunta, "¿de qué está hecho el mundo?", es la siguiente: "El mundo es una sucesión de configuraciones instantáneas de materia –o de material, si deseamos incluir la sustancia más sutil que la materia común, como el éter"[36]. Whitehead ve en la física newtoniana uno de los ejemplos más significativos de esta perspectiva cosmológica:

> La física newtoniana se funda en la individualidad
> independiente de todos los cuerpos materiales. Cada piedra
> se concibe como capaz de ser descrita independientemente
> de toda referencia a otras materias; podría estar sola en el
> Universo, ser el habitante solitario de un espacio uniforme y
> continuaría siendo la misma piedra. Ello significa que la piedra
> puede descubrirse adecuadamente, sin referencia alguna al
> pasado ni al futuro: puede concebirse total y adecuadamente
> como constituida por completo dentro del instante presente.[37]

La crítica de Whitehead a la "localización simple" puede desarrollarse mediante tres postulados que están a la base de la cosmología moderna y reclaman un análisis más exhaustivo. El primer postulado es que *la materia no podrá ocupar más que un solo espacio-tiempo*. Esta premisa se funda en la noción de localización simple. El término "simple" debe ser tomado aquí en un sentido literal que describe el modo de localización, cualidad que ocupa un lugar privilegiado en el pensamiento moderno. De manera esquemática, podemos afirmar que la materia está colocada *aquí* en el espacio y *ahora* en el tiempo. Sin embargo, no es solo el marco espacial y temporal de la materia lo que está en cuestión, sino la naturaleza misma, la cual es vista como una multiplicidad de puntos materiales localizables que conforman los cuerpos y las ubicaciones de todo lo existente. Así, de acuerdo con Wahl, Whitehead rechaza este primer postulado de la localización al afirmar que la existencia simple de la materia es un mito o, más exactamente, una desastrosa abstracción:

El tiempo como sucesión de instantes no se corresponde para
nada con aquello de lo que tengo un conocimiento directo.
Sólo puedo pensarlo así con la ayuda de metáforas, ya sea
como una sucesión de puntos en una línea o como el conjunto
de valores de una variable independiente en ciertas ecuaciones
diferenciales. Eso de lo que somos conscientes es la duración
de la naturaleza con una extensión temporal. El presente
contiene en sí los antecedentes y los consecuentes que son,
ellos mismos, extensiones temporales.[38]

Si la división del tiempo y del espacio en puntos e instantes puede resultar
útil en ciertos casos, siendo ello posible gracias al trabajo de la abstracción,
cuando esta división se generaliza y es puesta como principio de la materia
misma, se convierte en el centro de innumerables dificultades y falsos
problemas. La implementación de este primer postulado dispondrá a
Whitehead a desarrollar una teoría relativista del tiempo y espacio.

El segundo postulado es que *los otros modos de existencia de la materia
son estrictamente fenoménicos*. Es a partir de esta premisa que la localización
simple manifiesta de manera más clara su relación con la bifurcación de la
naturaleza. En efecto, encontramos aquí el mismo gesto de diferenciación
entre los dos órdenes de realidad, aunque actualizados y colocados en un
marco de referencia más técnico: por un lado, están los puntos localizables
que constituyen la materia, y por otro, todas las formas derivadas como la
duración, la persistencia de la materia, las variaciones y las intensificaciones
de la existencia. Se trata de la bifurcación, pero desplegada en otro
registro, con sus añadidos psíquicos y fenoménicos siempre reductibles a
la existencia material bruta de la localización simple. Esta construcción
es "deliciosamente simple, pero deja de tener en cuenta en absoluto las
relaciones internas entre las cosas reales. Cada cosa substancial se concibe
así como completa en sí misma sin referencia alguna a las demás"[39].

El tercer postulado, *que la materia es lo más concreto que existe*, nos
expone a la paradoja del materialismo científico: los puntos materiales,
esas existencias últimas de la materia llamadas a ocupar un lugar central
y primario en toda explicación de la naturaleza en general, resultan
impensables sin una formalización del espacio-tiempo. ¿Cómo es posible
localizar un punto y establecer un instante sin que sean puestos, de manera

paralela o simultánea, un espacio y un tiempo en el interior de los cuales puedan establecerse? Este postulado expone un aspecto de la relación entre el materialismo y el formalismo:

> La materia (en sentido científico) está ya en el espacio y el tiempo. De este modo la materia representa la negativa a considerar ausentes las características espaciales y temporales y a llegar al concepto desnudo de una entidad individual. Es la negativa que ha causado el embrollo de introducir el mero procedimiento del pensamiento en el hecho de la naturaleza. La entidad desnuda de todas las características, excepto las del espacio y el tiempo, ha adquirido un status físico como la última textura de la naturaleza, de suerte que el curso de la naturaleza se concibe meramente como la suerte de la materia en su aventura a través del espacio.[40]

Las formas geométricas del espacio-tiempo adquieren el estatus de estructuras reales y constitutivas de la materia. Ruyer lo resume de manera notable cuando escribe: "Percibimos entonces la esencia del materialismo. Es una doctrina que toma como la realidad suprema una simple abstracción operatoria, la correspondencia entre dos campos, la cual justifica, con el nombre de átomos de materia, que son los puntos de inserción de las relaciones."[41]

La bifurcación supone, según nuestra interpretación, la localización que viene a completarla y a proporcionarle sus herramientas formales. Los tres postulados que hemos intentado dilucidar conforman los ejes a partir de los cuales la relación entre bifurcación y localización encuentra toda su eficacia. La posición de Whitehead es clara: "Alegaré que entre los elementos primarios de la naturaleza, tal como son aprehendidos en nuestra experiencia inmediata, no hay ni uno solo que posea este carácter de locación simple."[42]

## La reificación de las abstracciones

La idea de que la noción de materia derivada de la bifurcación se organiza de acuerdo al principio de localización simple guarda una estrecha relación con el pensamiento de Bergson. Whitehead sin duda se inspiró

en Bergson, a quien rindió numerosos homenajes a lo largo de su obra.
Por ejemplo, en *El concepto de naturaleza* escribe: "Creo estar plenamente
de acuerdo con Bergson en esta doctrina"[43], y abre *Proceso y realidad*
diciendo: "He contraído también grandes deudas con Bergson, William
James y John Dewey. Una de mis preocupaciones fue el exonerar su tipo
de pensamiento de la acusación de antiintelectualismo que con razón o
sin ella se le asoció."[44] No trataremos de explicitar aquí todos los aspectos
del pensamiento de Bergson que influenciaron la filosofía de Whitehead.
Nuestro problema es a la vez más local y más determinante que el de una
simple influencia filosófica. Concierne ante todo a la forma de diagnosticar
la concepción moderna de la naturaleza, así como a las condiciones para su
posible superación. Tomaremos del pensamiento de Bergson únicamente
aquellos elementos que, pensamos, reúnen y clarifican la concepción de
Whitehead sobre la localización, con el propósito de hacer evidentes
las diferencias y las coincidencias reales que animan ambas posiciones
filosóficas, las cuales vienen a representar dos maneras distintas de resistir a
la bifurcación de la naturaleza.

En *La evolución creadora*, Bergson escribe:

> La espacialización perfecta consistiría en una perfecta
> exterioridad de las partes entre sí, es decir, en una
> independencia recíproca completa. Ahora bien, no hay punto
> material que no actúe sobre cualquier otro punto material [...]
> Si bien no hay sistema completamente aislado, es indiscutible
> que la ciencia encuentra, no obstante, el medio de recortar el
> universo en sistemas relativamente independientes entre sí, y
> que no comete de este modo error sensible.[45]

La independencia de las partes y la posibilidad para las ciencias de definir
la materia a partir de su espacialidad se corresponde exactamente con
aquello que Whitehead entiende por localización. No obstante, si ambos
términos (localización y espacialización) exhiben características similares,
se distinguen entre sí en un plano más general: el de las relaciones que
existen entre las abstracciones y la experiencia. Para ilustrar este punto
consideremos la manera en que Bergson describe la función y el estatus de
las ciencias. Siempre en *La evolución creadora*, plantea la pregunta de manera
explícita: "¿cuál es el objeto propio de la ciencia?" Y contesta:

Acrecentar nuestra influencia sobre las cosas. La ciencia
puede ser especulativa en su forma, desinteresada en sus
fines inmediatos; en otros términos, podemos darle crédito
durante todo el tiempo que quiera. Pero, por más que se
extienda el plazo, es preciso que al final se nos pague nuestro
esfuerzo. En suma, es siempre a la utilidad práctica que la
ciencia apuntará.[46]

En este pasaje, Bergson identifica claramente a la ciencia con la actividad
práctica. Plantear la cuestión, "¿qué es la ciencia?", equivale a preguntarse:
"¿cómo puede actuar el saber práctico sobre las cosas?" Bergson aclara que
"la acción...procede por saltos. Actuar es readaptarse. Saber, es decir, prever
para actuar, será por tanto ir de una situación a otra, de una composición
a otra recomposición."[47] Es esta orientación práctica de la ciencia lo que
está a la base de la generalización de la espacialización como interpretación
científica que se impone sobre el mundo. Así, "La ciencia podrá considerar
recomposiciones cada vez más próximas entre sí; hará crecer así el número
de momentos que aísla, pero siempre aislará momentos"[48]. La diferencia
entre la ciencia clásica y la ciencia moderna, o entre una investigación que
privilegia ciertos momentos y lugares y una investigación que se muestra
indiferente a momentos y lugares específicos (todos los instantes son
idénticos), no cambia en nada la esencia de la ciencia: "La ciencia moderna,
como la ciencia antigua, procede según el método cinematográfico. No
puede hacerlo de otro modo; toda ciencia está sujeta a esta ley"[49]. Es en este
punto que Bergson logra vincular el sentido común y la ciencia sobre la base
de una concepción general de la función de la inteligencia: "La ciencia de la
materia procede como el conocimiento usual. Perfecciona este conocimiento
y acrecienta su precisión y su alcance, pero trabaja en el mismo sentido y
pone en juego el mismo mecanismo."[50] La espacialización se reduce a una
tendencia natural de la inteligencia, su dimensión vital.

Si bien Whitehead está de acuerdo con Bergson acerca de la importancia
de la espacialización, toma distancia cuando se trata de determinar sus
causas y consecuencias:

En conjunto, la historia de la filosofía apoya el reproche de
Bergson de que el intelecto humano "espacializa el universo",
es decir, que tiende a ignorar el fluir y a analizar el mundo

en función de categorías estáticas. De hecho, Bergson fue
más allá y concibió esta tendencia como necesidad inherente
al intelecto. Yo no creo en esa acusación, pero sí sostengo
que la "espacialización" es el camino más corto hacia una
filosofía claramente definida y expresada en un lenguaje
razonablemente familiar.[51]

Whitehead no dice mucho más al respecto, pero podemos utilizar este pasaje
para desplegar su crítica. Todo parece coincidir entre ambos pensadores;
sin embargo, la diferencia que los separa es importante y puede expresarse
en una palabra: *exageración*. A simple vista, parece una manera muy extraña
de rechazar a Bergson. En realidad, la posición de Whitehead es mucho
más sutil: habría estado dispuesto a seguir a Bergson en su análisis, es
decir, en su manera de definir la espacialización, pero hubiera preferido
que contuviera la celeridad de su crítica. La concepción bergsoniana de la
espacialización es pertinente, pero su carácter desproporcionado la vuelve
ilegítima y, más grave aún, impotente al momento de efectuar la superación
que ella misma propone.

¿En qué consiste, exactamente, tal exageración? Sin duda la historia de
la filosofía (a la que se le podrían añadir las observaciones de Whitehead
sobre la historia de las ciencias) ha confirmado el análisis de Bergson; pero
esto no lo autoriza a hacer de la espacialización una necesidad inherente
al intelecto. Por ejemplo, cuando Bergson escribe, en *El pensamiento y lo
moviente*, que "*nuestra inteligencia, cuando sigue su pendiente natural, procede
por percepciones sólidas, de un lado, y por concepciones estables, del otro. Ella parte
de lo inmóvil y sólo concibe y expresa el movimiento más que en función
de la inmovilidad*"[52], añade una dimensión a la espacialización que rebasa el
marco en el que esta se establece. De esto se desprenden dos consecuencias
que Whitehead rechaza: en primer lugar, al hacer de la espacialización
una necesidad del intelecto, Bergson coloca bajo una misma rúbrica las
diversas formas posibles de hacer ciencia. Si bien reconoce diferencias
fundamentales entre, por ejemplo, las ciencias clásicas y las ciencias
modernas, en última instancia ambas comparten un mismo abordaje. La
diversidad de métodos, las divergencias en la historia de las ciencias, la
multiplicidad de modelos y las tensiones en los procesos de experimentación
al parecer se reagrupan bajo una misma actividad subyacente. En una

palabra, es el carácter desmesurado del diagnóstico bergsoniano lo que resulta exagerado. El análisis de la actividad científica, para Bergson, solo es posible gracias a la extrema generalidad con la que es propuesto. Como resultado (y este problema es todavía más importante para Whitehead), la dramatización de una identidad entre espacialización e inteligencia deja muy poco espacio para otras alternativas. Esto obliga a Bergson a investigar, en una inversión *"de la dirección habitual del trabajo del pensamiento"*[53], las condiciones de un pensamiento no espacializante; y la metafísica que dicho pensamiento reclama sigue necesariamente los pasos de una ciencia que *"pretende prescindir de los símbolos"*[54]. La exageración que Whitehead denuncia es la creencia de que las ciencias se verían profundamente afectadas por la inteligencia espacializante. Es por ello que, buscando ampliar las observaciones de Whitehead, Jean Wahl escribe: "Se ha confundido la ciencia con esa concepción materialista a la que muy a menudo se la vincula. Bergson y los románticos tuvieron de la ciencia una concepción estática y dogmática; el relativismo einsteniano y las teorías más recientes permitirán integrar aquello que, pensamos, quedaría excluido de una ciencia más flexible"[55]. Sin embargo, no hay necesidad de invocar ciencias nuevas como propone Jean Wahl; las abstracciones científicas no poseen una naturaleza singular que se correspondería con una función vinculada a la actividad práctica. El riesgo de tal afirmación es que subestima las capacidades de transformación que son propias de las abstracciones.

Una de las funciones que Whitehead le atribuye a la filosofía es la siguiente: "La filosofía es la crítica de las abstracciones que gobiernan las modalidades especiales del pensamiento"[56]. Sería totalmente incorrecto pensar que Whitehead intenta, al decir que la filosofía tiene por función criticar las abstracciones, proteger a la experiencia del alcance de estas, como si una experiencia sin abstracciones fuera del todo posible. El término "crítica" que Whitehead utiliza en este pasaje tiene una connotación mucho más kantiana que aquella que nos remite a una oposición cualquiera: supone determinar los límites de una abstracción, sus condiciones de acción y sus efectos en la experiencia. En este sentido, no sería exagerado concebir la filosofía de Whitehead como una de las más fervientes tentativas de otorgar a las abstracciones un lugar central en la experiencia. Las abstracciones no son ni representaciones ni generalizaciones de estados de cosas, sino *construcciones*, las "verdaderas armas para controlar nuestros pensamientos sobre los hechos concretos"[57]. Es importante observar que el término "abstracción" va más allá tanto del modelo de las abstracciones lógico-matemáticas como de las formas de substancialización del lenguaje que, sobre todo en el caso de Bergson, se identificaban como el elemento propio de toda interpretación de la experiencia. Las abstracciones poseen sus propias limitaciones y sus propios modos de fabricación, su manera propia de circular y de actuar. Por ello, es fundamental para la filosofía de Whitehead una investigación sobre los modos de existencia de las abstracciones mismas y su funcionamiento en las experiencias más concretas.

No encontraremos en la filosofía de Whitehead una condena de la inteligencia, aunque el filósofo sí desarrolla una crítica a cierto formalismo científico, constitutivo del materialismo fisicalista que se impuso a lo largo de los últimos tres siglos, y al que trata de oponer otro esquema de pensamiento, otra cosmología. Si, por un lado, Whitehead concuerda con Bergson en que la espacialización es el factor determinante de todas las dificultades que tienen las ciencias modernas a la hora de pensar la materia, el espacio, las relaciones entre los entes, etc., por otro, limita el alcance de este concepto a un período específico vinculado a abstracciones particulares. Así pues, la crítica de Whitehead apunta tanto a la espacialización en cuanto modelo teórico como a la atribución de este error en el ejercicio de la inteligencia en general. Es este el sentido que debemos darle al reclamo de Whitehead en *La ciencia y el mundo moderno*: "Una de las posiciones principales de estas conferencias es una protesta contra la idea de que las abstracciones de la ciencia sean irreformables e inalterables."[58] De igual modo, Whitehead escribe que la tarea de la filosofía no consiste en rechazar las abstracciones, sino en hacer evidentes los límites de estos esquemas heredados, así como las inconsistencias que exhiben, para reformarlas, cuando sea posible, o para desecharlas con miras a construir nuevas abstracciones.

Más aún, no es la localización simple lo que constituye un error, como tampoco la bifurcación de la naturaleza, ya que "por un proceso de abstracción constructiva podemos llegar a abstracciones que sean porciones de materia localizadas simplemente y a otras abstracciones que sean los espíritus que figuran en el esquema científico."[59] La bifurcación de la naturaleza y la localización simple son, ante todo, operaciones abstractivas, herramientas que permiten orientar nuestra experimentación con la naturaleza. Tienen, por ello, una legitimidad real y Whitehead se expresa al respecto con gran admiración: "debemos notar su pasmosa eficacia como sistema de conceptos para la organización de la investigación científica [...]. Desde entonces se ha mantenido firme como principio rector de los estudios científicos. Reina todavía"[60]. El error no pasa por lo que estas operaciones han hecho posible, sino por la confusión de los registros, por la inversión de los órdenes. Las paradojas y las falsas superaciones suceden "porque hemos confundido nuestra abstracción con realidades concretas"[61].

La bifurcación de la naturaleza es una abstracción producida e inventada que, sin embargo, se reifica gracias a la operación que ella misma ha hecho posible. Es como si la naturaleza estuviera en sí misma bifurcada, como si los elementos primarios de la experiencia reflejaran la idea de una localización simple. De este modo, lo abstracto se confunde con lo concreto, el efecto con la causa, el producto de un proceso con su origen. Y es que "Somos capaces de caer en el error de pensar que los hechos son simples porque la simplicidad es la meta de nuestra búsqueda. El lema orientador en la vida de todo filósofo de la naturaleza ha de ser: Busca la simplicidad y desconfía de ella"[62]. Mientras que los procesos de abstracción (los gestos u operaciones que discutimos anteriormente) se mantengan activos y sean evaluados a la luz de lo que ellos mismos permiten, no hay razón para ponerlos en cuestión. Pero, tan pronto como se reifica la abstracción (eso que primero fue una herramienta y que ahora se describe como lo "real", como el fundamento de una metafísica), los falsos problemas adquieren preponderancia: "El resultado violenta siempre esa experiencia inmediata que expresamos en nuestras acciones, esperanzas, simpatías, propósitos y que disfrutamos a pesar de nuestra carencia de frases para su análisis verbal"[63].

Whitehead llama a la operación por la cual las abstracciones se reifican "lo concreto mal colocado", y resume todas las operaciones de reificación que operan en el pensamiento moderno en estos términos:

> Mi teoría sobre la formación de la doctrina científica de
> la materia es que la filosofía fue la primera en transformar

ilegítimamente la entidad desnuda, que es simplemente una
abstracción necesaria para el método del pensamiento, en
el substrato metafísico de aquellos factores naturales que
se asignan en diversos sentidos a las entidades como sus
atributos.[64]

Es toda una sección de la filosofía moderna la que se extravió en la
bifurcación y la localización simple, perdiéndose en sus efectos, en especial
los del dualismo, sin poder regresar jamás a la fuente de las operaciones que
se propuso superar. Whitehead pinta un cuadro que sin duda es incompleto,
pero ofrece una imagen general del pensamiento que se conformó a partir
de la bifurcación. Están "los dualistas que aceptan materia y espíritu en un
mismo pie de igualdad, y las dos variedades de monistas: los que ponen el
espíritu dentro de la materia, y aquellos que ponen la materia dentro del
espíritu"[65]. La diversidad de posiciones se torna evidente en la medida en
que todas comparten un mismo espacio, un problema común, el cual tiende
a reducir los efectos de la bifurcación a la vez que acepta su existencia inicial
y, por lo mismo, confirma su importancia. Así pues, el "enorme éxito de
las abstracciones científicas, que en una mano presentan la materia con su
simple ubicación en el espacio y en el tiempo, y en la otra, el espíritu que
percibe, sufre y razona, pero no interviene, le ha impuesto a la filosofía la
tarea de aceptarles como la expresión más completa de los hechos."[66] Por
lo tanto, no tenemos que elegir entre los términos de la disyuntiva, porque
las distintas posiciones no hacen más que confirmar los gestos que están
en el origen de esta imagen del pensamiento. Oponerse a las ontologías
de los modernos no tiene ningún sentido si las operaciones a partir de las
cuales estas derivan permanecen implícitas y alimentan su eficacia con su
propia desaparición. La experiencia moderna de la naturaleza ha consistido
en tratar de conectar una conjetura (la naturaleza real) con un sueño (la
naturaleza fenoménica).

## La naturaleza como acontecimiento

La bifurcación debe ser superada, pero ¿cómo hemos de lograrlo? Todos
los caminos parecen estar bloqueados. Estamos en una encrucijada de
posibilidades y, sin embargo, el diagnóstico de Whitehead acerca del

surgimiento del concepto moderno de naturaleza hace que, como mínimo, toda posición resulte sospechosa. ¿Acaso no hemos dicho ya que las alternativas son superficiales, que las ontologías propuestas, encaminadas a reemplazar la bifurcación, a menudo ocultan las operaciones y los gestos que se proponen superar? En efecto, hemos tratado de mostrar, a partir de los conceptos de bifurcación y de localización simple, los prejuicios que operan en la construcción del concepto de naturaleza. Se trata de intereses esencialmente operativos, prácticos, derivados de gestos de diferenciación cuya función es la de permitir las posibles acciones y formalizaciones de la naturaleza. Así pues, todo se invierte: la operación termina por sustituir a la ontología, la abstracción al carácter concreto de las cosas y las posibilidades del conocimiento a la existencia misma.

En *El concepto de naturaleza*, Whitehead propone una primera solución para salir de la bifurcación, es decir, para dejar atrás esa extraña correlación entre una materia abstracta y una experiencia ilusoria. No obstante, debemos advertir que se paga un precio demasiado alto por esta solución, la cual nos obliga a inscribir el concepto de naturaleza dentro de un marco estrictamente fenoménico, a la vez que nos exige rechazar toda posición metafísica. Whitehead vacilará respecto de este punto, y la crítica a la cosmología moderna que atraviesa *El concepto de naturaleza* solo se completará en sus obras posteriores, que ofrecen una superación total de la bifurcación. Ahora bien, antes de adentrarnos en esta metafísica alternativa a la bifurcación, es importante clarificar la solución que Whitehead considera en esta primera etapa, la cual está muy próxima a la fenomenología[67]. Ello nos permitirá discernir mejor las necesidades a las que responde el paso de un enfoque netamente fenomenológico, desconocido por Whitehead en tanto que expresión filosófica, a una metafísica de la naturaleza que no pretende anular su primer abordaje sino circunscribirlo mejor. Varios lectores de Whitehead, entre ellos J. Wahl y M. Merleau-Ponty, han interpretado el abordaje propuesto en *El concepto de la naturaleza* como el gesto fundacional de toda su filosofía posterior. Sostienen que es posible extraer de este libro una filosofía de la naturaleza basada en una experiencia fenomenológica de la misma y, como resultado, sus lecturas de Whitehead adoptan una perspectiva que exagera la importancia de *El concepto de la naturaleza*. En cambio, la cuestión que nos interesa explorar aquí es la de saber por qué un matemático, devenido epistemólogo, desarrolla finalmente una metafísica general. ¿Cómo es que la solución que nos ofrece *El concepto de la naturaleza*, basada en una fenomenologización de la experiencia de la naturaleza, es a la vez parcial y total, exigiendo una delimitación del campo de investigación que deja en suspenso aquellos elementos que son demasiado insistentes como para ser ignorados? La expresión clave de esta solución es: "La naturaleza es lo que observamos en la percepción por medio de los sentidos"[68].

Se trata de una decisión metodológica que no debe ser confundida con una afirmación ontológica sobre la naturaleza, sus cualidades, su forma, o sus modos de existencia. Solo se limita a indicar un sitio, el punto central de la experiencia de la naturaleza, y a delimitar el espacio de legitimidad de las proposiciones que puede formularse sobre la naturaleza. Es ante todo una decisión, pero a partir de ella Whitehead logra establecer las características de la naturaleza apelando únicamente a la experiencia inmediata. La exigencia de tal decisión consiste en no añadir nada que exceda el sentido de dicha experiencia pero, sobre todo, nada que le reste. En pocas palabras: "Todo lo que sabemos de la naturaleza se halla en un mismo bote, para hundirse o para permanecer a flote todo junto"[69]. Es momento de desarrollar un método nuevo. Whitehead no habla exactamente en estos términos, pero sus declaraciones dejan entrever un abordaje que *El concepto de naturaleza* seguirá lo más estrictamente posible y que, una vez transformado y desarrollado de manera radical, se convertirá en la metodología del pensamiento especulativo. Sin duda, la evolución del pensamiento de Whitehead, el camino hacia un abordaje especulativo, está emparentado con un cierto procedimiento al que jamás quiso renunciar y que consiste en no sustraer nada de la experiencia. En su última obra, *Modos de pensamiento*, lo retoma y lo identifica con una exigencia que será propia de la filosofía, en contraste con las ciencias: "La filosofía no puede excluir nada"[70]. Esta fórmula expresa toda una filiación con un movimiento filosófico que incluye, entre otras expresiones, el empirismo radical de William James, cuyo abordaje es muy próximo al método de Whitehead: "Para ser radical, un empirismo no puede admitir en su construcción elemento alguno que no venga directamente de la experiencia, ni debe excluir elemento alguno que provenga de ella misma"[71]. Es este mismo

empirismo radical el que opera en *El concepto de naturaleza* y obliga a
Whitehead a enfocarse en la experiencia perceptiva de la naturaleza; es el
mismo empirismo que lo llevará a desarrollar una metafísica general de la
que Deleuze celebra su audacia especulativa en la conclusión de *Diferencia
y repetición*:

> La filosofía cayó frecuentemente en la tentación de oponer a
> las categorías, nociones de una naturaleza totalmente distinta,
> realmente abiertas y que muestran un sentido empírico y
> pluralista de la Idea: "existenciales" contra "esenciales",
> perceptos contra conceptos; o bien, la lista de nociones
> empírico-ideales que se encuentra en Whitehead y que hacen
> de *Proceso y realidad* uno de los más grandes libros de la
> filosofía moderna.[72]

¿De qué forma este método logra transfigurar la experiencia de la
naturaleza? Tomemos como punto de partida el abordaje que adopta
el empirismo. ¿Qué es aquello que nos es dado directamente en la
percepción cuando no añadimos ni quitamos elemento alguno? La
respuesta que Whitehead ofrece es, como mínimo, desconcertante, pues
eleva la percepción a niveles inéditos: "El hecho inmediato para la toma
de conciencia sensorial es el acontecimiento total de la naturaleza. Es
la naturaleza como acontecimiento presente para la toma de conciencia
sensorial y esencialmente pasajero"[73]. Tenemos en este pasaje dos elementos
diferentes: el primero es "el ocurrir completo", es decir, la totalidad de la
naturaleza que experimentamos desde una perspectiva que está determinada
por la posición del cuerpo. Ciertamente, no accedemos a la naturaleza en
su totalidad ya que la misma permanece "velada", sino que tenemos de
ella una experiencia confusa. Tenemos "conciencia de un acontecimiento
que es nuestra vida corporal, de un acontecimiento que es el curso de la
naturaleza dentro de este espacio y de un conjunto vagamente percibido de
otros acontecimientos parciales"[74]. La naturaleza es percibida como algo
"dependiente" de la percepción; la experimentamos desde una perspectiva
singular y, al mismo tiempo, es intuida como algo independiente de
nosotros, ya que las percepciones confusas que tenemos de estas ocurrencias
parciales nos hacen vivenciarla como una cosa que siempre está más allá
de la percepción ordinaria. El cuerpo, la habitación percibida, el edificio,

nos brindan un fondo acontecial que no es el objeto de la percepción actual, pero que persiste en él y lo abre a dimensiones que son captadas difusamente.

El segundo elemento es el que se expresa en la parte final del parágrafo citado. Whitehead termina por otorgarle una cualidad singular a la naturaleza, la cual considera tan fundamental que no duda en referirse a ella con el término "esencia". En lo que respecta a la experiencia de la naturaleza, es a partir de esta cualidad que derivan todas las otras en cuanto actualizaciones de este primer principio: el *pasaje*. Así pues, podemos hablar de un principio último del concepto de naturaleza que solo puede explicarse a través de su relevancia en esas instancias de percepción que dan fe de su importancia. Whitehead recurre nuevamente a la filosofía de Bergson para aclarar su sentido: "Creo estar plenamente de acuerdo con Bergson en esta doctrina, aunque él emplea 'tiempo' para significar el hecho fundamental que llamo 'paso de la naturaleza'"[75]. Se trata de recuperar el sentido más profundo de la noción de pasaje en Bergson para indicar no solo una transición temporal, una evolución o un devenir, sino también un cambio espacial, un desplazamiento de lugar, un movimiento. No hay razón alguna para atribuir primacía a una de estas dimensiones por sobre la otra. Todo pasaje es directamente (o para ser más precisos, inmediatamente) temporal y espacial. Entonces, como escribe Wahl, "debería poder afirmarse que el acontecimiento del asesinato de César requiere del espacio. Las relaciones de los acontecimientos con el espacio y con el tiempo son, en casi todos los sentidos, análogas. No están, por una parte, los objetos en el espacio, y por otra, los hechos en el tiempo, sino los hechos-objetos que son los acontecimientos"[76].

El pasaje es, por lo tanto, un "acontecimiento". Es la primera vez que en la obra de Whitehead esta noción cobra una relevancia tal. A partir de este momento, con la decisión de hacer del acontecimiento la característica principal de la naturaleza y el sentido último de su experiencia, toda la filosofía de Whitehead se convertirá en una vasta investigación sobre el acontecimiento. Como señala Deleuze en el capítulo que consagra a la filosofía de Whitehead en *El pliegue*:

> Con Whitehead resuena por tercera vez la pregunta ¿qué es un acontecimiento? Whitehead reanuda la crítica radical

del esquema atributivo, el gran juego de los principios, la
multiplicación de las categorías, la conciliación de lo universal
y del caso, la transformación del concepto en sujeto: toda
una hibris [...]. Un acontecimiento no sólo es un hombre
aplastado: la gran pirámide es un acontecimiento, y su
duración durante una hora, 30 minutos, cinco minutos…,
un pasaje de la Naturaleza, o un pasaje de Dios, una
mirada de Dios.[77]

El pasaje de la naturaleza es un acontecimiento, como también lo son las
perspectivas a través de las cuales lo experimentamos, y las partes que
diferenciamos de él en nuestra percepción. Todo es un acontecimiento en
el interior de la percepción.[78] Veamos a continuación algunos ejemplos de
acontecimientos que podemos agrupar en tres categorías expresables en
tres enunciados:

1. "Ayer fue atropellado un hombre en el dique de Chelsea"[79].
   La idea de un accidente o de una ocurrencia singular
   es la característica más común del acontecimiento: algo
   sucede. Un accidente, el cambio súbito e inesperado de una
   situación, la emergencia de una realidad que parece romper el
   encadenamiento causal con el que podemos retrospectivamente
   vincularla, la ruptura más o menos radical en la continuidad
   de una experiencia, en fin, todas estas instancias son parte de
   la idea de acontecimiento tal como ocurre en la naturaleza. No
   hay nada sorprendente hasta aquí. Whitehead no hace otra cosa
   que retomar la concepción más común de "acontecimiento" y
   vincularla al término "ocurrencia" en sus diversas acepciones.
   Pero, si profundizamos un poco más el análisis, encontraremos un
   conjunto de presupuestos que, sobre todo en el ejemplo del dique
   de "Chelsea", se ponen particularmente en evidencia. ¿Dónde,
   exactamente, deberíamos situar la idea de una "ocurrencia"? ¿Está
   en el sujeto al que le sucede algo y que, por lo tanto, preexistiría
   al acontecimiento? Y en este sentido, la dimensión acontecimental
   de eso que sucede, ¿es apenas un atributo? El acontecimiento ¿se
   sitúa junto al hombre que es aplastado, o bien, es una realidad
   más difusa que conecta a los testigos, a la víctima, al conductor y,

tal vez, a las historias que circulan en torno al muelle de Chelsea? Si bien algo sucede, la ocurrencia parece, cuando profundizamos el análisis, deshacerse de todo soporte material, de todo sujeto al que le sería atribuida y del que emanaría. La decisión tomada por Whitehead (quien no hace más que seguir el método que él mismo se ha impuesto) consiste en afirmar que no hay razón alguna para reducir el acontecimiento a algo más que sí mismo, es decir, a aquello que le es dado inmediatamente a la conciencia. Tal vez convenga situar correctamente este cambio de perspectiva: el acontecimiento, en cuanto tal, es *esta* ocurrencia, y es ella misma la que adquiere una verdadera sustancialidad de la que el hombre, los testigos, el muelle de Chelsea y el narrador serán sus atributos. Este punto es crucial. Whitehead intenta hacer de la ocurrencia el soporte del acontecimiento, su verdadera sustancialidad. Más aún, la ocurrencia "un hombre ha sido aplastado" se despliega en una multiplicidad de relaciones espaciales que se vuelven patentes toda vez que intentamos expresar su sentido. El acontecimiento sucedió "junto a una barcaza circulando por el río y el tráfico de la orilla"[80], pero se trata también de una ocurrencia temporal que se inserta en una multiplicidad infinita de otras ocurrencias, pasadas o concomitantes. Así pues, "el hombre fue atropellado entre la hora del té y la de la cena"[81] expresa la localización temporal entre lo ocurrido en el interior de una constelación de otras ocurrencias. Este entramado de relaciones espacio-temporales que definen lo ocurrido, que lo sitúan en el centro de un conjunto de otros acontecimientos, no es un mero contexto exterior, como si el tiempo y el espacio fueran solamente las formas, los receptáculos, o los ejes mediante los cuales los acontecimientos suceden. Whitehead hace de la relación entre los acontecimientos el centro en torno al cual el tiempo y el espacio adquieren su debida consistencia.

2. "El obelisco de Cleopatra se halla en el dique de Charing Cross"[82]. Atribuirle al obelisco el estatus de acontecimiento es una decisión que, a simple vista, escapa al sentido común. No encontramos aquí las nociones de ocurrencia, pasaje o transición

temporal que eran fácilmente atribuibles a los acontecimientos de la primera categoría. ¿Qué queda entonces de aquellos accidentes, de aquellos quiebres causales y de aquellas irrupciones que conformaban la substancia del primer tipo de acontecimiento? De hecho, si observamos más de cerca, la diferencia no es tan marcada como parece. Podemos encontrar los mismos elementos, aunque transpuestos a una nueva escala. Para ilustrar este punto, Whitehead recurre a un experimento mental que consiste en un cambio imaginativo de perspectiva: "Si un ángel hubiese hecho la observación hace cientos de millones de años, la tierra no existía hace veinte millones de años, el Támesis no existía y, cuando yo era pequeño, tampoco existía el Obelisco de Cleopatra"[83]. Todo depende de la perspectiva temporal que adoptemos. Si nos colocamos en el interior de un marco temporal particularmente extenso, la persistencia del obelisco se vuelve más efímera de lo que resulta inicialmente. Por otro lado, cuando lo observamos desde un punto de vista lo suficientemente amplio, es cierto que el obelisco parece ser algo inmutable; sin embargo, cuando lo miramos más de cerca y analizamos sus partes, constatamos que, bajo esa simplicidad aparente, se despliega una multiplicidad de modificaciones, de variaciones y de intercambios con el entorno. Así pues, un "físico que considere esta parte de la vida de la naturaleza como una danza de electrones dirá que ha perdido diariamente algunas moléculas y adquirido otras"[84]. Ya sea que elijamos mirar desde una escala de tiempo más vasta, o bien colocarnos en el interior de las micro variaciones que lo transforman de manera imperceptible, el resultado siempre es el mismo: la continuidad de la existencia del obelisco no difiere mucho, en principio, de otras ocurrencias que tienen lugar en la naturaleza. Si aceptamos esta perspectiva, todas las "cosas" que experimentamos (objetos materiales, objetos físicos, técnicos y biológicos) pueden ser consideradas acontecimientos que manifiestan principios similares de pasaje y de transición a través del tiempo. Hay sin duda en la posición de Whitehead una voluntad de colocar todos los objetos, en la medida en que

persisten, bajo el dominio del acontecimiento. En el acaecer de
un acontecimiento, de un accidente o de una ocurrencia, no se
manifiesta directamente la idea de persistencia, pero todos ellos
la presuponen. En el caso de nuestro primer ejemplo, es necesaria
la persistencia del conductor, de la víctima, de los testigos y de
"Charing Cross" para que el accidente como irrupción, como
bifurcación de una situación dada, adquiera el mínimo carácter
de realidad. El accidente sucede sobre un fondo de persistencias
múltiples en relación con las cuales se produce una diferencia.
Pero ¿qué es exactamente una persistencia para Whitehead? Este
concepto nos reenvía a la noción de duración, de perseverancia
en la existencia, a la propia vastedad del ser. Como señalamos
anteriormente, si nos introdujéramos en estas persistencias, si nos
sumergiéramos en su interior, encontraríamos una multiplicidad
de pequeños accidentes, de diminutos cambios, de breves
metamorfosis que, bajo la aparente estabilidad y permanencia
del obelisco, transforman a cada instante su existencia actual.
Podemos extraer una regla general de todo esto: la persistencia
supone la ocurrencia[85]. El mantenerse en pie del obelisco no es
otra cosa que la repetición, el reanudarse que Whitehead más
tarde llamará "la ruta histórica" de una serie de ocurrencias,
de pequeños acontecimientos, todos ellos efímeros desde la
perspectiva de su propia escala de existencia.

3.  "Hay líneas oscuras en el espectro solar"[86]. A simple vista, este
    enunciado parece unirse a los otros dos y, a la vez, confirmarlos.
    Es tentador ver en él una renovada insistencia en la idea de
    *ocurrencia* (el hecho de que una línea de sombra irrumpa en
    el espectro solar), o bien en la idea de *persistencia* (el espectro
    cuya existencia implicaría la presencia de líneas de sombra). Sin
    embargo, encontramos aquí un nuevo componente asociado a la
    noción de acontecimiento que Whitehead intenta hacer evidente
    a través del enunciado en cuestión. El asunto, propiamente
    hablando, no pasa solamente por mencionar la existencia de
    "líneas de sombra", ni por referirse al "espectro solar"; lo
    importante aquí es la relación entre ambos acontecimientos.

Ya hemos dicho que todo acontecimiento es esencialmente
relacional, y visto de este modo, la impresión que se impone es
que la frase no aporta nada nuevo. ¿En qué difiere, exactamente,
la puesta en relación de ambos acontecimientos de la existencia
relacional que caracteriza a otros acontecimientos? La
singularidad de este enunciado radica en la *operación* de puesta
en relación, en la introducción de una nueva dimensión que
es añadida a los acontecimientos "espectro solar" y "líneas de
sombras". Whitehead no nos brinda una definición, pero nosotros
la llamaremos *correlación objetiva*. La cuestión que plantea el
enunciado es la siguiente: entre dos acontecimientos dados, ¿qué
relación puede establecerse? Esta operación ocupa el centro de
las teorías y, fundamentalmente, de las teorías científicas, las
cuales, según Whitehead, el caso específico del espectro solar
logra poner de manifiesto. Es decir, "si un acontecimiento
tiene el carácter de ser una demostración del espectro solar
en determinadas circunstancias señaladas, tendrá también el
carácter de mostrar líneas oscuras en ese espectro"[87]. Esta es la
dimensión teórica, abstracta y operatoria que Whitehead intenta
emplazar en la teoría de los acontecimientos. Es una decisión
con importantes consecuencias. En primer lugar, rompe con la
distinción inicial entre los acontecimientos de la naturaleza y las
maneras de representarlos (estados de hecho y representaciones)
para colocarlos directamente a un mismo nivel y sobre un mismo
plano. Todo está localizado horizontalmente en la naturaleza,
y las maneras en que relacionamos los acontecimientos entre
sí también forman parte de la experiencia, pues componen
factores de existencia que son tan reales como la persistencia
misma del obelisco. Recordemos que Whitehead concede una
gran importancia a su método, el cual no admite excepción
alguna en lo que respecta a la rigurosidad de su aplicación. Las
teorías son datos inmediatos dados a la conciencia, al igual que el
accidente de Chelsea o la persistencia del obelisco. Al afirmar que
las correlaciones son ellas mismas acontecimientos, Whitehead
pone en evidencia una segunda consecuencia de su doctrina del

acontecimiento: la idea de que las teorías mismas deberían ser tratadas como cualquier otro acontecimiento de la naturaleza. La pregunta por las consecuencias de esta relación entre teorías y acontecimientos queda suspendida en el período de *El concepto de naturaleza*, pero encontrará su pleno desarrollo en *Proceso y realidad* bajo la forma de una teoría de las proposiciones sobre la cual regresaremos en el último capítulo de este libro. Lo importante a tener en cuenta a esta altura de la discusión es que *El concepto de naturaleza* prepara el terreno para lo que vendrá después. Las teorías científicas son acontecimientos que están marcados por las mismas características de ocurrencia, de persistencia, de trayectoria histórica y de enlace móvil. Así pues, el sentido acontecial de este tercer enunciado consiste en que el acontecimiento "espectro solar" se encuentra conectado con el acontecimiento "línea de sombra" gracias a la mediación de un tercer tipo de acontecimiento: el de la correlación. De este modo, se establece un espacio completamente diferente de acontecimientos que entra en juego y se articula con los otros dos. Eso que hemos llamado *correlación objetiva* resulta ser un nuevo modo de existencia de los acontecimientos que se suma a la *ocurrencia* y a la *persistencia*. Se trata de una economía compleja que presupone la relación entre estos tres componentes que hemos extraído de *El concepto de naturaleza*. El accidente se produce sobre un fondo de persistencias múltiples que son una serie de irrupciones mantenidas a lo largo de una trayectoria histórica común; las teorías, a su vez, forman un trasfondo de presuposiciones que no existen en sí mismas, sino a través de la correlación de persistencias y accidentes que se encuentra ya siempre en ejecución. Sería un grave error atribuir a uno de estos componentes la condición de existencia de los demás. El método que Whitehead adopta consiste en colocarse en la experiencia de ese hecho inmediato del paso de la naturaleza que es dado a la conciencia sensible. En este nivel, es el entrelazamiento de los componentes lo que forma la primera matriz del plano de la naturaleza: el accidente, el obelisco y las líneas de sombra vinculadas al espectro solar son el hecho más inmediato.

No obstante, todo acontecimiento está compuesto de entes que no poseen un carácter acontecial:

> Según avanzan ustedes a lo largo del dique, levantan de pronto la vista y dicen "Mira, ahí está el obelisco". En otras palabras, lo reconocen. No se puede reconocer un acontecimiento, ya que una vez que ha pasado, ha pasado. Se puede observar otro acontecimiento de carácter análogo, pero el pedazo actual de vida de la naturaleza es inseparable de su incidencia única.[88]

Todo acontecimiento es un pasar, profundamente único, distinto de cualquier otro, según el principio de los indiscernibles; sin embargo, hay elementos en todo acontecimiento que literalmente no pasan – elementos que no poseen ni extensión espacial ni consistencia temporal. Estamos ante una experiencia cada vez que afirmamos que algo está aquí, nuevamente aquí [*here again*]. Es la fórmula más recurrente, más sucinta, de la constatación de la existencia de un objeto. Algo está aquí nuevamente. Pero ¿qué es lo que reconocemos exactamente? Variaciones de color, formas geométricas diversas, intensidades sonoras particulares, sensaciones singulares.

Whitehead, por mera convención, los llama "objetos", consciente de que la lista es infinita. Desde el momento en que una cosa es reconocida, se trata de un objeto. Podríamos objetar al "realismo" de Whitehead que todo reconocimiento supone un hábito, esto es, la manera por la que asociamos las diferentes cualidades de los acontecimientos a los que posteriormente nos referiremos. Si hay una experiencia del color azul será gracias a la repetición de experiencias singulares de azules siempre distintos. Pero ¿qué varía en todos estos azules? Si todos los acontecimientos fuesen diferentes y todas las experiencias cambiantes; si este tono de azul fuera distinto de aquel otro, ¿cómo podríamos reconocer cualquier cosa? Se podría ir más lejos con esta explicación regresiva pero, a la larga, la pregunta será siempre la misma: ¿cómo hemos de reconocer algo estable y duradero entre experiencias singulares? Las expresiones pueden ser inexactas, las palabras pueden faltar y las correspondencias pueden fallar; pero la

impresión sensible de que algo retorna se impone, y no importa si se trata
de la primera vez que experimentamos ese algo, porque una dimensión del
acontecimiento siempre es análoga a otra, aunque la hayamos vivenciado de
diversas formas.

Whitehead no dice nada acerca de cómo podríamos conocer los
"objetos" mismos (este "azul" o una forma geométrica pura); en cambio,
afirma que experimentamos cada vez *localmente,* y que todo conocimiento
se establece en relación con un acontecimiento. Los acontecimientos son
una ocasión para experimentar los objetos. Aunque modificado sutilmente
y puesto en el nivel mismo de la naturaleza, se trata del principio de Leibniz
según en cual habría "ideas y principios que no nos vienen a los sentidos
y que nosotros encontramos en nuestro interior sin formarlos, aunque los
sentidos nos den la ocasión de apercibirnos de ello"[89]. Por lo tanto, solo
podemos conocerlos en ciertas "ocasiones", es decir, de acuerdo a una
dimensión local. Todo aquí se invierte: no hay acontecimientos sin los
objetos que se le asocian y que son especificados de modo singular. Por
otro lado, no tenemos experiencias de los objetos más que en situaciones
aconteciales, es decir, en aquellas ocasiones en las que reconocemos algo
que apunta más allá de lo experimentado. Se trata de una extraña mezcla
porque los dos elementos que la conforman poseen cualidades opuestas.
En cuanto acontecimiento, el obelisco es incomparable en su existencia;
posee su propio tiempo y espacio. A través de las perspectivas con las cuales
lo experimentamos, reconocemos en él incontables cualidades: las formas
múltiples que lo componen, los colores, sus variaciones y sus modulaciones.
Estos "objetos" no son meras proyecciones de la mente sobre la naturaleza
(proyecciones que una vez más nos envían de regreso a la bifurcación),
como si los colores, los sonidos y las formas nos pertenecieran. Por el
contrario, es la conciencia misma la que encuentra aquí las condiciones de
su propia existencia o, para ser más exactos, es gracias a que hay repetición
en la naturaleza que la conciencia es capaz de relacionar y comparar.

Parece entonces que, ya en *El concepto de naturaleza,* Whitehead tenía
los elementos necesarios para llevar a cabo una posible superación de la
bifurcación de la naturaleza. Todo allí se muestra de manera coherente y
consistente: puesto que la bifurcación distingue entre cualidades abstractas
y sensibles, habría una vía posible de reunir todo el conjunto bajo una

teoría de los acontecimientos de la naturaleza y colocarlos de este modo dentro de la propia experiencia perceptiva. Es importante aclarar que no estamos proponiendo un análisis histórico del desarrollo del pensamiento de Whitehead ni de la evolución de una idea particular a través de su obra; en lo que respecta a nuestro proyecto, nos ocupa un problema más profundo y mucho más importante. Si, como hemos tratado de mostrar hasta aquí, la teoría de los acontecimientos de la naturaleza descansa sobre un método (tomar en cuenta únicamente la experiencia perceptiva) y sobre un postulado específico (la naturaleza como pasaje o acontecimiento de todos los acontecimientos), entonces este abordaje parece ofrecernos una manera sistemática y coherente de superar la bifurcación moderna de la naturaleza. Sin embargo, al colocar la naturaleza en un plano fenoménico, ¿qué debemos abandonar y excluir? El método adoptado por Whitehead en *El concepto de naturaleza,* ¿a qué lo obliga a renunciar?

Para decirlo directamente, la posibilidad de una superación de la bifurcación dependía hasta aquí de la decisión de excluir toda consideración metafísica de la naturaleza. De hecho, todas las ambigüedades y malentendidos en la recepción de la obra de Whitehead se deben al desconocimiento de esta decisión sobre la que el filósofo regresará en varias ocasiones: "Tengo que repetir que no tenemos nada que hacer en estas lecciones respecto al carácter último de la realidad."[90] Whitehead dramatiza esta decisión cuando afirma que toda desviación de la misma resultará en un desastre. Así pues, "Recurrir a la metafísica es parecido a arrojar un fósforo en un almacén de pólvora. Hace explotar todo el recinto"[91]. La decisión no es sencilla y Whitehead reconoce que limita considerablemente su empresa. Es especialmente frustrante cuando ella apunta continuamente hacia una necesidad que la excede: en la medida en que la experiencia de la naturaleza como pasaje es a la vez situada e independiente de la percepción, surge inexorablemente la pregunta por los seres que la componen. Whitehead es consciente de ello a tal punto de reconocer que "es difícil para un filósofo comprobar que toda persona esta confinada realmente a su discusión dentro de los límites que les he propuesto. Surge el linde allí precisamente donde comienza a excitarse"[92]. Es como si la construcción del concepto de naturaleza sobre una base fenoménica, sumada a la teoría de los acontecimientos que hemos descrito, nos obligara a renunciar a toda consideración metafísica. Un abordaje semejante es extremo en la medida en que coloca a la naturaleza en cuanto tal fuera de toda consideración, lo cual a su vez pone entre paréntesis toda cuestión ontológica/metafísica. La pregunta por el sujeto y sus relaciones con la naturaleza se plantea sobre una base heurística, lo cual no invalida para nada el proyecto de Whitehead, pues se trata principalmente de "poner la base de una filosofía natural, que es el presupuesto necesario de una física especulativa"[93]. Desde esta óptica, la superación de la bifurcación de la naturaleza sería apenas una empresa local, limitada a la historia de la ciencia y a la construcción de una nueva física especulativa. Este objetivo no implica en absoluto tomar posición sobre lo real o sobre la naturaleza como algo independiente de la percepción. Precisamente, es esta la condición de la eficacia de la teoría de los acontecimientos: renunciar a toda posición metafísica.

## Capítulo 2

## Un manierismo universal

La teoría de los acontecimientos que Whitehead nos presenta en *El concepto de naturaleza* solo permite una superación parcial de la bifurcación y, por lo tanto, resulta insatisfactoria. La decisión de reconstruir el concepto de naturaleza a partir de la experiencia perceptiva de los seres humanos tiene serias limitaciones: exige rechazar cualquier toma de posición sobre lo real, sobre las relaciones entre los acontecimientos mismos, sobre la pluralidad de los modos de existencia que nos ofrece la naturaleza y sobre las fuentes mismas del conocimiento. Más grave aún, se corre el riesgo de superar la bifurcación favoreciendo una de sus dos dimensiones, a saber, las cualidades secundarias. Cabe señalar que Whitehead no invalida en su obra tardía la teoría de los acontecimientos que introduce en *El concepto de la naturaleza*, sino que expresa la necesidad de desplegarla en un plano totalmente diferente, ya no como parte de un abordaje estrictamente fenomenológico sino genuinamente metafísico. Con esta decisión, llega el momento de abordar todas esas preguntas que *El concepto de la naturaleza* se negaba a responder. ¿Cuáles son las condiciones de existencia de los acontecimientos más allá de la experiencia perceptiva de los seres humanos? ¿Dónde se sitúan las relaciones que los animan? ¿Cómo pueden los acontecimientos constituir la pluralidad de órdenes de existencia que encontramos en la naturaleza y que son explicados por la física, la biología y la antropología?

Comenzaré por un enunciado cuyo alcance especulativo total intentaremos dilucidar más a fondo en las páginas que siguen. El mismo es expresado por Whitehead en su obra mayor, *Proceso y realidad*: "fuera de las experiencias de los sujetos no hay nada, nada, absolutamente nada"[94]. Se trata de una afirmación extraña, tanto en su estilo, inusual en la prosa de Whitehead, como en su contenido. Sin duda es presentado como un postulado radical. El carácter contundente, convincente y repetitivo del enunciado nos lleva a imaginar que Whitehead creía estar introduciendo un pensamiento nuevo, un punto de quiebre en su relación con la filosofía contemporánea de la época. ¿Y por qué no comunicarlo de este modo tan particular, si es evidente que sintió estar expresando una ruptura con aquellos movimientos filosóficos con los que había sido vinculado hasta el momento y de los que se había convertido en uno de sus principales referentes desde los tiempos de *Principia Mathematica*?

Sin embargo, el enunciado no tuvo el impacto que Whitehead había anticipado. La mayoría de sus lectores, cuando se topan con él, le prestan muy poca atención. ¿Y cómo podría ser de otro modo? ¿Acaso no afirma un retorno a una pregunta filosófica anticuada, a saber, la pregunta por la subjetividad? Todo en la filosofía de Whitehead parece oponerse a dicho retorno: su abordaje metafísico y especulativo, anunciado explícitamente desde las primeras páginas de *Proceso y realidad*, libro que lleva el subtítulo "Un tratado en cosmología" y cuyo primer capítulo se titula "Filosofía especulativa"; la importancia del concepto de proceso, cuyo significado trasciende cualquier noción de cambio subjetivo; la recurrente e insistente crítica a todas las formas de sustancialismo, cuya importancia hemos constatado en nuestra discusión anterior sobre el materialismo científico y, finalmente, la función misma que el propio Whitehead le asigna a la filosofía, la cual, a su forma de ver, se ocupa de "ensamblar" los diferentes modos de existencia que encontramos en la naturaleza. ¿Cómo es posible abogar por un regreso a la noción de subjetividad en el marco general de una obra radicalmente antisubjetivista? Tal vez podría tratarse de una pregunta específica que concibe a la subjetividad como un dominio específico de la experiencia en el interior de la naturaleza. Así pensado, se trataría de salvaguardar un espacio para la subjetividad, pero sin comprometer la coherencia de un proyecto cosmológico que se ocupa ante todo de la constitución del espacio-tiempo, de la diferencia entre la existencia física y la existencia biológica, y de las relaciones internas y externas entre los componentes últimos de la realidad. Sin embargo, este no fue en absoluto el propósito de Whitehead. De hecho, el enunciado va mucho más lejos, y aquellos lectores acostumbrados al estilo particularmente técnico de *Proceso y realidad* sabrán comprender que no fue su intención darle un papel tan protagónico a la subjetividad, lo cual probablemente hubiera debilitado la coherencia de su sistema. Por el contrario, el problema se inscribe en el interior mismo de las ambiciones cosmológicas que animan su proyecto metafísico. Esta situación confusa condujo a una falsa dicotomía: o bien la pregunta por la subjetividad resulta ser una cuestión local (aunque ciertamente el carácter enfático del enunciado de Whitehead no sugiere tal dirección), o bien guarda relación con algo más profundo, con algo que está subordinado a la propia dinámica de esta nueva cosmología y que, por lo tanto, debería ser ignorado. ¿Pero a qué costo?

Como consecuencia de lo anterior, el enunciado cayó en el olvido. Sin embargo, en las siguientes páginas, trataré de darle un lugar más central que lo convierta en el punto de partida de una metafísica de los sujetos, intensificando su sentido a través del despliegue de los principales conceptos que nos ofrece la obra de Whitehead. La relevancia de esta tarea en el contexto actual tiene poco y nada que ver con proporcionar una exégesis novedosa de la obra de Whitehead. Si bien muchos intérpretes de su obra fueron mencionados hasta aquí, nuestra intención no ha sido señalar deficiencias en sus lecturas; en todo caso, lo que se trató de mostrar fue la peculiaridad de este singular enunciado, y argumentar que el mismo no puede ser pasado por alto. Mi propósito no es juzgar otras lecturas de la obra de Whitehead ni ofrecer una forma "superior" de abordar su pensamiento; como ya anticipamos en el capítulo anterior, mi motivación responde a otras inquietudes. Si la bifurcación alcanza todos los aspectos de la cosmología moderna, sus alternativas solo podrán ser coherentes en la medida en que sean capaces de distribuir todos aquellos elementos de la experiencia que fueron divididos y confinados a esferas demasiado específicas y limitadas de la naturaleza. Pero ¿qué sucedería si las cualidades primarias y secundarias, en lugar de ser separadas, fuesen articuladas de una manera distinta y se convirtieran en los aspectos internos de toda existencia? ¿Qué tipo de experiencia de la naturaleza alcanzaríamos entonces si todas las cualidades secundarias, concebidas en un sentido general y amplio (los colores, los sonidos, los tonos estéticos, las gradaciones de importancia, los valores, los fines, etc.), fuesen reubicadas en el interior de los seres mismos? Nuestra experiencia actual, ¿no nos exige acaso abandonar un paradigma puramente antropológico para enfocarnos en la multiplicidad de centros de experiencia, en las maneras de ser, en las relaciones múltiples que los existentes establecen entre sí para formar una naturaleza devenida esencialmente plural? Siguiendo a William James, afirmamos que lo importante en la actualidad es justamente la capacidad de dotar de sentido a una naturaleza hecha de "vidas personales (que pertenecen a escalas de complejidad diferentes, tanto suprahumanas o infrahumanas como humanas), las cuales se conocen unas a otras por diferentes medios... evolucionan y cambian realmente gracias a sus esfuerzos y tentativas de fabricar un mundo a través de sus interacciones y sus éxitos cumulativos"[95]. Nuestro interés por el enunciado de Whitehead, al que nos referiremos de aquí en más como "el principio metafísico de la subjetividad", debe situarse en este contexto específico. Dicho enunciado podría convertirse en el primer principio de un nuevo esquema especulativo cuyo objetivo sería darle sentido a la pluralidad de maneras de experimentar, un verdadero panexperiencialismo.

## El principio metafísico de la subjetividad

En la actualidad, podemos comprender mejor la incomodidad que sienten los lectores más atentos de la obra de Whitehead cuando se cruzan con el enunciado que acabamos de mencionar. La impresión que se impone, sostenida por el contexto presente de la filosofía contemporánea, es que la pregunta por la subjetividad nos remite, pese a nuestras reservas, a la idea de una subjetividad antropológica con la que es necesario romper. Este es el núcleo central del problema. O bien la noción de subjetividad mobiliza categorías tales como intencionalidad, consciencia y la capacidad de representar, es decir, categorías que la vinculan a una teoría de facultades principalmente humanas, las cuales no puede ser el fundamento de una metafísica general; o bien dicha noción es depurada de todas estas características para transformarse en una cáscara vacía que puede ser descartada con facilidad. El principio metafísico de la subjetividad debe, por lo tanto, responder a una doble exigencia: abarcar todos los seres sin excepción y, al mismo tiempo, ser lo suficientemente coherente para producir una diferencia genuina.

Whitehead le otorga a la noción de subjetividad una dimensión capaz de responder a esta doble exigencia: *el sentir*. Antes de adentrarnos en las metamorfosis que ha sufrido este concepto, sobre todo cuando se lo sitúa en un contexto metafísico, examinemos su uso más corriente a fin de extraer algunos elementos que podrían servirnos para comprender mejor su sentido. Nótese que Whitehead utiliza el término "sentir" [*feeling*][96] como sustantivo y como verbo, reteniendo de este modo la ambigüedad entre ambas acepciones. Así pues, se refiere con el mismo término a la "sensación", a los sentimientos, a los estados de ánimo y a la vaga conciencia de una situación, es decir, a tonalidades afectivas, y a la acción o actividad por la cual una cosa es efectivamente sentida. Si Whitehead retiene la ambigüedad del término "sentir" es justamente porque quiere fusionar sus dos aspectos. Sería pura ficción colocar las sensaciones y las impresiones, por un lado, y las maneras o las tonalidades con las que son experimentadas, por otro. Cuando un animal "siente" el peligro, cuando se pone en alerta, ¿podemos realmente separar sus impresiones particulares del vago sentido de peligrosidad por el cual todo su entorno deviene expresivo? Cada impresión, ¿no viene ya provista de una tonalidad específica según el sentimiento que acompaña a cada situación? Sin embargo, este sentimiento más general no tendría ninguna consistencia propia si no estuviese vinculado a ciertas actividades en ejecución, es decir, a impresiones que dejan entrever otras posibilidades. Así pues, aun en su uso más corriente, las dos acepciones del término "sentir" –el sentimiento y la impresión, las modalidades de la experiencia y los datos que esta última transmite– tienden a fusionarse.

Contra todo pronóstico, Whitehead identifica el origen de su concepción del "sentir" en las *Meditaciones metafísicas* de Descartes: "...la palabra 'sentir', tal como la empleamos en estas conferencias [*Proceso y realidad*], recuerda más aún a Descartes"[97]. Si esperamos acabar definitivamente con, o al menos reducir, las ambigüedades que acabamos de enumerar, sobre todo la vinculación estrecha de la noción de subjetividad con un proyecto netamente antropológico, esta referencia a Descartes resulta un poco inoportuna. Pero no nos apresuremos. ¿Cuál es, exactamente, la herencia que Whitehead afirma y que involucra la problemática del sentir? ¿Cómo es que el propio Descartes introduce esta noción? El pasaje en cuestión se halla en la segunda *Meditación* y concierne a las apariencias:

> Por último, soy el mismo que siente, es decir, que percibe ciertas cosas, por medio de los órganos de los sentidos, puesto que, en efecto, veo la luz, oigo el ruido, siento el calor. Pero se me dirá que esas apariencias son falsas y que estoy durmiendo. Bien; sea así. Sin embargo, por lo menos, es cierto que me parece que veo luz, que oigo ruido y que siento calor; esto no puede ser falso, y esto es, propiamente, lo que en mí se llama sentir, y esto, precisamente, es 'pensar'.[98]

Whitehead se limita a comentar brevemente el pasaje. Escribe que "En el lenguaje cartesiano, la esencia de una entidad actual [sujeto] consiste únicamente en el hecho de que es una cosa que prehende [siente]"[99]. Tratemos de ofrecer una interpretación plausible a partir de lo que dice Descartes. Dos cosas deben ser resaltadas en el marco de esta reflexión sobre los sentires. En primer lugar, Descartes exalta la certitud del acto de sentir. Todo puede ser ilusorio, remitirnos a meras apariencias o quimeras, pero el acto mismo no puede ser una ilusión dado que posee un estatus especial: a cada momento atestigua para sí mismo su propia realidad; se impone, con su existencia irreductible y en forma autónoma, sobre cualquier configuración de estados de cosas que hagan las veces de soporte. La fuente del calor y los objetos del que emanan las impresiones visuales pueden ser ilusorios, remitirnos a puros fantasmas o meras proyecciones, pero el acto de sentir es incontestable, real por sí mismo; no necesita más justificación que su propia actividad. En segundo lugar, Descartes coloca el sentir en un plano extremadamente amplio que incluye ver la luz, oir un sonido, sentir el calor, pero también la identificación última del sentir con el pensamiento mismo. Es sabido que, en última instancia, Whitehead se propone invertir esta relación enfatizando la primacía del sentir por sobre el pensamiento; pero la posibilidad misma de una identificación entre sentir y pensar ya es lo suficientemente notable como para ser mencionada. El punto de esta filiación inesperada es que le permite a Whitehead postular el sentir como una actividad en acto que alcanza *todos los aspectos* del sujeto y cuya realidad reside en la *actividad* misma.

Es momento de ampliar la pregunta. El ejemplo de Descartes, aunque pone en evidencia las dimensiones fundamentales del sentir, es demasiado limitado. De hecho, recurre a un caso específico: la situación particular de un sujeto que está en total posesión de sus recursos y es capaz de reflexionar de manera consciente sobre las operaciones que lo movilizan. Este sujeto consciente busca de algún modo intensificar las actividades de los sentires que lo animan (por ejemplo, la sensación de calor) para luego concluir que tales sentires son "algo más que pensamientos". Este caso particular, ¿podría ser traspuesto a situaciones menos excepcionales, menos artificiales, como las de un comportamiento totalmente mundano, o bien momentos en los que la pregunta por lo que sucede no se vuelve del todo explícita, como en el caso del caminante de Dewey, quien solo toma consciencia de su actividad cuando surge algún obstáculo? En otras palabras, la pregunta por el sentir debería contemplar todas las modalidades del sujeto que describe Descartes en su ejemplo: no solo la experiencia de los sentidos, sino también la de los sueños, además de la acción automática y los estados alterados de consciencia, de modo tal que los múltiples aspectos del sujeto se subordinen a una lógica general del sentir. Por otro lado, ¿no encontramos experiencias análogas en realidades de otro orden, por ejemplo, en los microorganismos y en otras formas primitivas de vida? Lo que Descartes dice del sentir, si eliminamos la escena artificiosa en la que se desarrolla su planteamiento, podría aplicarse sin excepción a todas las formas de vida. La primera etapa en la conformación de lo que llamaré una "metafísica del sentir" consiste en generalizar la noción de experiencia para poder abarcar así todas las formas de vida posibles:

> Pero los animales, y aun los vegetales, en formas inferiores de organismo, ostentan modos de comportamiento dirigidos a la auto-conservación. Hay todos los indicios de un vago sentir de relación causal con el mundo externo, de alguna intensidad vagamente definida en punto a cualidad, y con alguna definición en punto a localidad.[100]

El sujeto cartesiano se diferencia de las formas más primitivas de vida por el hecho de gozar de múltiples centros de experiencia, además de un amplio espectro de modos de percepción (visual, auditiva, táctil, etc.) que pueden faltar por completo en otros seres vivos. Estos recursos le permiten al ser humano rastrear y localizar con mayor o menor precisión las regiones de su campo de experiencia y, de este modo, experimentar la "sensación de calor" en la palma de la mano. La diferencia entre el sujeto pensante de Descartes y los microorganismos o las plantas no pasa por la presencia o ausencia de sentires, sino por las diferentes capacidades a la hora de localizarlos y cualificarlos. La capacidad de decir "siento calor en mi mano", lejos de funcionar como el principal atributo de la vida, es producto de una historia evolutiva a lo largo de la cual las facultades de la experiencia se han ido diversificando. Pero, en última instancia, la ausencia de preceptos definidos en plantas y microorganismos no equivale en absoluto a la ausencia del sentir. No hablamos de la sensación de *este* calor localizado en *esta* región particular del cuerpo, sino del sentir más bien "difuso" de una conexión causal con el medio circundante. Whitehead proporciona varios ejemplos con los que trata de ilustrar la ampliación de los regímenes de existencia e identificar sus analogías con el sentir humano:

> Una flor se inclina hacia la luz con una seguridad mucho
> más mayor que aquella con la que la hace un ser humano…
> El perro anticipa la conformación del futuro inmediato a su
> actividad presente con la misma seguridad con que lo hace
> un ser humano. Tratándose de cálculos e inferencias remotas,
> el perro falla. Sin embargo, el perro nunca actúa como si el
> futuro inmediato no tuviera importancia para el presente.[101]

Las plantas no poseen preceptos que les permitan afirmar, señalar o mostrar exactamente dónde se sitúa la luz que estimula sus adaptaciones. Sin embargo, hay un sentir general de los cambios en el entorno, de las variaciones en el medio ambiente, toda vez que la planta se orienta hacia la luz. Podríamos decir, con Descartes, que la fuente de luz es una ilusión, una quimera; pero no podemos dudar de la actividad misma del sentir, que posee una realidad singular. Lo cierto es que algo es sentido, al menos de forma difusa.

El pasaje de Descartes nos conduce inesperadamente a una concepción del sentir como *actividad en acto que involucra todos los aspectos de la experiencia de un sujeto*. Se trata de un momento crucial en la instauración de una metafísica del sentir que permite delimitar el ámbito de existencia, incluso ampliar los horizontes del ejemplo que nos brinda Descartes.

Ahora bien, si la forma del sentir ha sido precisada, ¿qué hay de lo que ella comprende? ¿Qué es, exactamente, esta actividad del sentir que atañe tanto al pensamiento del sujeto cartesiano como a los vegetales y los microorganismos? La cita anterior de Whitehead nos ofrece una pista. Se postula –en relación con la planta, el perro o el ser humano– como una actividad común a todos ellos que opera por debajo de la pluralidad de modos de experiencia, una actividad que él llama "el sentido de la conformidad" y que constituye la forma más básica del sentir. En los ejemplos utilizados por Whitehead hallamos una multiplicidad de maneras entre las cuales las más importantes son la anticipación de una conformidad del futuro con respecto al presente, esto es, el ajuste del presente a su pasado inmediato y, en un sentido más general, el sentido de continuidad de los acontecimientos mismos. Santayana habla de una "fe animal"[102] que sitúa en todos los niveles de la naturaleza: una suerte de creencia mínima que podríamos llamar "fisiológica" si dicho término no tuviera una connotación demasiado técnica para referirse a los modos de existencia, es decir, al hecho de que los acontecimientos se conforman a su pasado inmediato y el futuro no está totalmente desconectado del curso actual de la naturaleza. Así descrito, este sentido de la conformidad nos podría parecer abstracto; sin embargo, resulta de una gran simpleza cuando lo ubicamos en el interior de las formas más inmediatas de experiencia. Como escribe Whitehead al final del pasaje citado: "Nunca el perro se comporta como si el futuro inmediato no tuviera relación alguna con el presente"[103]. Se trata del aspecto vital de un tiempo concreto en el que las dimensiones que, de manera retrospectiva, disociamos en pasado, presente y futuro, se imbrican para formar un único movimiento cuyas interrupciones están vinculadas al surgimiento de una realidad que lo fractura constantemente. Este "sentido de la conformidad", la dimensión más primordial del sentir, es ante todo un sentido del tiempo:

> Pero esta sucesión no es una sucesión pura: es la derivación de un estado a otro en la que el último muestra conformidad con el antecedente. El tiempo en concreto es la conformación de estado a estado, el último al primero; y la sucesión pura es una abstracción de la relación irreversible entre el pasado ya establecido y el presente derivativo.[104]

No hallaremos implicaciones mecanicistas en el discurso de Whitehead sobre la conformidad, pues no hay elemento determinista alguno en la manera en que el presente se conforma al pasado. Los ejemplos que nos proporciona el filósofo inglés no apuntan a definir esta actividad viviente en términos de la implementación de un programa cuyas condiciones habrían sido fijadas de antemano por acontecimientos pasados. Cuando la planta se orienta hacia el sol, ella se conforma a los acontecimientos de su pasado inmediato, es decir, a los rayos de luz que se prolongan a través de su experiencia presente; pero ni la luz ni los estados anteriores de la planta logran definir unilateralmente la acción presente. Debemos comenzar siempre por esta actividad de conformidad que es una ejecución *en el presente*, pues solo ella define lo que será heredado en esta recuperación local del pasado y cuáles serán los acontecimientos a los que se anticipe.

Todo se invierte al concebir las cosas como secuencias discretas que intentamos enlazar posteriormente para formar un continuo. Whitehead, a la manera de Bergson, establece una genealogía de esta inversión que consiste en pensarla ya no como una ilusión exterior, sino como una exageración que hunde sus raíces en una experiencia vital. La inversión de las cualidades del tiempo, a partir de la cual se substituye la continuidad de una experiencia por su conformidad, entendida como una discontinuidad de momentos abstractos, no atañe solamente a una inteligencia que, como pensaba Bergson, proyectaría sobre la naturaleza cualidades que le son propias. La inversión es mucho más orgánica y primitiva. Aparece en períodos específicos del organismo, ya sea cuando un "funcionamiento primitivo del organismo humano aumenta extraordinariamente"[105], o cuando "una parte considerable de nuestra percepción sensorial habitual se debilita de manera inusitada."[106]

## El ser como captura

El sentir es una actividad presente de integración del pasado. Para clarificar este punto, Whitehead utiliza un término técnico: *prehensión*. No hay diferencia real en la naturaleza entre los términos "sentir" y "prehender", pero este último expresa un elemento central de la actividad del sentir. El término tiene como origen una actividad cognitiva, es decir, una operación del conocimiento, "la aprehensión inteligente de algo". Hay una prehensión, en este sentido inicial, toda vez que la mente integra, se apropia, o hace suya una proposición que contiene información sobre el mundo, un estado de cosas o una teoría. La mente prehende, es decir, se apropia de algo para sí que previamente era externo. Solo con posterioridad, el término, conservando este sentido cognitivo, se modificará para referirse a las diversas formas del acto de tomar, de aprehender un objeto con la mano, ya sea capturar a una persona en el sentido legal del término o apropiarse de algo ajeno. En adelante, conservaré este sentido general del término "prehensión" entendido como la capacidad de tomar, capturar o apropiarse de algo.

En el capítulo de *El Pliegue* dedicado a la filosofía de Whitehead, Deleuze hace extensiva esta lógica de la prehensión a todos los niveles de la existencia:

> Cualquier cosa prehende sus antecedentes y sus
> concomitantes y, por contigüidad, prehende un mundo. El ojo
> es una prehensión de la luz. Los vivientes prehenden el agua,
> la tierra, el carbono y las sales. La pirámide, en tal momento,
> prehende los soldados de Bonaparte ("Cuarenta siglos os
> contemplan") y recíprocamente.[107]

La actividad de prehensión está por todas partes: en las formas primitivas de vida vegetal, en las especulaciones de la sustancia pensante y hasta en las percepciones más insignificantes. Los seres del pasado son atrapados, capturados en una nueva existencia, en un nuevo acto del sentir. Todo sucede como si cada ser tuviese una doble existencia: la de su perspectiva singular, que se corresponde con su actividad presente, y la de su incorporación por medio de actos subsecuentes del sentir. Los soldados de Bonaparte se apropian mediante sus actos de esa historia precedente que los hace posibles, y a la vez son apropiados por el mundo que los sucede. Es en este sentido que Whitehead logra introducir una verdadera filosofía de las posesiones[108], de las capturas, de las apropiaciones, o de las prehensiones. Un sujeto no es una sustancia; es una captura. A la manera de G. Tarde, deberíamos decir que "la posesión es el hecho universal"[109], y si la filosofía "se hubiese basado en el verbo *tener*, muchos debates estériles e incursiones intelectuales inútiles hubiesen podido evitarse", ya que "Luego de miles de años, catalogamos las diversas formas de ser, los diversos grados de ser, y jamás hemos tenido la idea de clasificar las diversas especies, los diversos grados de la posesión."[110]

Ahora sí estamos en condiciones de precisar el sentido de la conformidad. Dijimos que es en las actividades en acto que hay que buscar las causas de la continuidad de la experiencia, no en la realización de un programa mecanístico cuya acción presente sería apenas uno de sus momentos o manifestaciones. Todo se da en el acto *presente*. Cuando afirmábamos, en el ejemplo anterior, que la flor se orienta hacia el sol, esto se debe a que ha capturado o integrado un acto previo del sol. Sin embargo, hay quienes dirían que la luz es concomitante a la flor; que su reacción ocurre en simultáneo a los rayos de luz y, por lo tanto, no tiene ningún sentido hablar de una captura del pasado, sino que sería más preciso hablar del impacto de los acontecimientos presentes. Del mismo modo, en lo que concierne a la percepción visual, parece que solo nos revela cosas en el presente. ¿No es absurdo afirmar que lo que vemos son cosas ya pasadas?

En rigor, solo hay prehensiones de acontecimientos pasados, y aun si este pasado estuviese extremadamente cerca del acto presente, los acontecimientos que constituyen la prehensión seguirían siendo anteriores a dicho acto. La flor prehende el rayo de luz que acaba de ocurrir, y nosotros percibimos un acontecimiento que acaba de suceder; pero si este rayo continúa, y el acontecimiento que percibimos se extiende en nuestra percepción, entonces la continuidad que observamos no es más que la repetición de una serie de actos del sentir. Resulta ser que hay dos series paralelas de actos que están siempre fuera de fase: por un lado, la serie de la prehensión de la luz, y por otro, la serie de la repetición del rayo de luz. Es posible afirmar entonces que todo acto de prehensión es la captura de un acontecimiento anterior y, si dicho acontecimiento persiste, entonces será prehendido mediante una serie de actos sucesivos del sentir. En suma, el contenido de cada acto es suministrado por otros actos ya pasados, pero ellos no condicionan la manera en que serán sentidos; esto último resulta de una decisión que siempre se da en el presente y es el acto de captura *hic et nunc*.

Es posible disociar las dimensiones metafísicas implicadas en el sentir. Comencemos por una serie de preguntas a las que nos conduce inevitablemente la manera en que el sentir es descrito en los ejemplos precedentes. Cuando decíamos que son siempre los actos pasados los que son sentidos, prehendidos o capturados, ¿hasta donde se extiende esta actividad en el pasado? Dichos actos ¿conforman el pasado inmediato de un sentir cualquiera, o también alcanzan, a partir de una gradación, un pasado más distante? ¿Dónde establecer los límites de esta cadena? ¿Solo hay sentir en las contigüidades espaciales, es decir, en los actos vecinos, o debemos también darle un sentido a los sentires sin contacto o conexión directa? Por último, ¿qué es lo que distingue, desde una perspectiva metafísica, los actos más significativos del sentir de los actos insignificantes que se pierden en la vastedad del presente? Podríamos multiplicar estas preguntas hasta el infinito, pero todas apuntan a lo mismo: ¿qué constituye, exactamente, un acto del sentir?

Si no agregamos nada nuevo a lo que se ha planteado hasta aquí, entonces la respuesta que se impone será la siguiente: un acto del sentir captura la totalidad del universo anterior a sí mismo. Whitehead hace de esto el principio "último" de su filosofía: "los muchos, que forman disyuntivamente el universo, se tornan la ocasión actual única que es el universo conjuntivamente"[111], o bien, "El principio metafísico último es el avance de la disyunción a la conjunción, que crea una entidad nueva diferente de las entidades dadas en la disyunción"[112]. Este principio debe ser examinado a la luz del vocabulario que introdujimos en las últimas páginas. Cada nuevo acto del sentir es la captura de una multiplicidad, de una pluralidad disyunta de actos previos que conforman el universo. Y en cada acto del sentir el universo precedente en su totalidad es capturado. Esto puede resultar una posición extravagante, sobre todo si pensamos en los ejemplos que hemos empleado, los cuales parecen sugerir que en el acto ocasional de pensar, en la percepción visual, y en la adaptación de un microorganismo a las variaciones de su entorno, estamos siempre frente a una cuestión que involucra al universo entero. Lo que pensamos, percibimos, o experimentamos fisiológicamente es siempre, según los principios metafísicos que hemos desarrollado, una ocasión para que la totalidad del universo pasado se comprima en un acto único del sentir que dará lugar a *esta* percepción, a *esta* visión, a *esta* sensación. Es como si el universo entero se comprimiera incesantemente en una multiplicidad de puntos que son como centros de experiencia, perspectivas de todo lo que existe. Es importante notar que estas perspectivas no son perspectivas *sobre el* universo, sino *del* universo, es decir, inmanentes a él, ya que conforman su materialidad última. Así pues, podemos afirmar que son vectores que "sienten lo que está *ahí* y lo transforman en lo que está *aquí*"[113].

De este modo, el principio metafísico de la subjetividad se vuelve una manera de suavizar el proyecto monadológico de Leibniz. Todo es cuestión de afirmar que cada acto del sentir o, en términos del propio Leibniz, cada percepción, es "como un mundo entero"[114] en el que todos los actos previos se ven reflejados. Pero, a diferencia de Leibniz, no hay una armonía preestablecida que defina de antemano los actos y sus relaciones, como tampoco puede un acto singular del sentir exceder los límites que fueron trazados previamente, ya que solo es posible una única incorporación del pasado. Por lo tanto, cuando Leibniz escribe que "cuando se considera bien la conexión de las cosas, se puede decir que hay en todo tiempo en el alma de Alejandro restos de todo lo que le ha acontecido"[115], estamos ante una proposición general que podríamos sin duda ubicar en el centro de esta metafísica de los sentires, aunque debamos excluir lo que el propio Leibniz añade a continuación: a saber, que encontramos en esa misma alma, "las señales de todo lo que le acontecerá, e incluso huellas de todo lo que pasa en el universo, aunque sólo pertenezca a Dios el reconocerlas todas"[116]. Es justamente la imposibilidad de encontrar en un sentir otra cosa que la serie de actos pasados lo que marca la diferencia entre la proposición monadológica de Whitehead y la teoría de la expresión de Leibniz. En el proyecto de la *Monadología*, la actividad del sentir es siempre una apropiación de acontecimientos pasados, pero la apropiación no dice nada más allá de sí misma. Como escribe Deleuze, en Whitehead "las bifurcaciones, las divergencias, las incomposibilidades, los desacuerdos pertenecen al mismo mundo abigarrado, *que ya no puede estar incluido en unidades expresivas*, sino únicamente hecho o deshecho según unidades prehensivas y según configuraciones variables, o capturas cambiantes"[117].

Al afirmar que todo el universo precedente, sin excepción, es sentido por cada acto individual; que todo acontecimiento, por insignificante que resulte a simple vista, deja tras de sí un trazo que definirá a todos los otros, la teoría del sentir parece ir demasiado lejos. Sin embargo, esta ampliación inédita del proyecto monadológico es solo un primer paso que, de hecho, limita excesivamente la actividad del sentir. Afirmar que todo el universo es sentido, capturado o poseído desde una perspectiva singular no es suficiente. Hace falta una dimensión más elemental que será, como veremos, la condición de la importancia de los actos mismos, el trazo de todas las posibilidades que acompañan al sentir:

> Un sentir lleva en sí las cicatrices de su nacimiento; recuerda como emoción subjetiva su lucha por la existencia; retiene la impresión de lo que habría podido ser y no es. Es por esta razón por lo que lo desechado por una entidad actual como dato para el sentir, puede ser empero parte importante de su equipo. Lo actual no puede reducirse a una mera realidad divorciada de lo potencial.[118]

Lo que hubiese podido ser –las decisiones tomadas y las selecciones hechas– son constitutivas del sentir. El sentir arrastra tras de sí todas estas posibilidades no realizadas, todas las alternativas que le fueron presentadas, todas las eventualidades que debió descartar a lo largo de su ejecución. La vacilación de una acción particular nos muestra que ciertas posibilidades que forman parte de trayectorias diversas de existencia fueron contempladas pero quedaron en suspenso para favorecer a una sola entre ellas. Sin embargo, a pesar de ser efectivamente excluidas, siguen siendo determinantes para los actos ya realizados. Así pues, todo sentir positivo, toda captura, está siempre acompañada de una constelación de sentires negados. Dicho de otro modo, la aversión y el rechazo de posibilidades magnifican su importancia. Esto es lo que Whitehead quiere decir cuando escribe: "Lo actual no puede reducirse a una mera cuestión de hecho divorciada de lo potencial"[119]. Volveremos sobre este punto en una discusión posterior que atañe al estatus de las proposiciones especulativas.

Ahora bien, la importancia de los mundos posibles que está emparentada con cada acto del sentir no debe exagerarse. La contingencia, la vacilación al escoger, así como los trazos que quedan atrás luego del rechazo de una posibilidad dada, poseen una realidad solo para aquellos actos que son efectivamente realizados. Por lo tanto, hay una verdadera primacía ontológica en la experiencia de los sentires actuales por sobre los potenciales. La posición de Whitehead supone un actualismo genuino: aunque el filósofo no hace explícita su filiación a esta tradición, sí intenta reemplazar el principio de razón suficiente por otro principio que está a la base de todos sus argumentos. Lo llamará el "principio ontológico" y constituye la expresión de todo pensamiento actualista: "la búsqueda de la razón es siempre la búsqueda de un hecho actual que sea el vehículo de la razón"[120] y "buscar *razones* es buscar una o más entes actuales". Este principio no niega realidades tales como lo virtual, lo posible, o lo abstracto sino que, por el contrario, expresa las condiciones de su existencia. Cada acto "ha de referirse a una o más entidades actuales porque separada de las entidades actuales no es dada, mera no-entidad: 'Lo demás es silencio'"[121]. Así pues, todo sentir efectivo está atravesado por la certeza de que no podría haber ocurrido, una eventualidad que no flota en un mundo etéreo y abstracto, sino que se inscribe corporalmente en el propio sentir.

## La subjetividad de los sentires

El sentir es la actividad principal de toda experiencia. Sin embargo, al otorgarle una importancia semejante al sentir, ¿no nos hemos desviado ya de nuestro proyecto inicial? ¿Qué queda de esta noción de subjetividad que, como dijimos, es tan central para una metafísica de los sentires? ¿Significa, como suele suceder con quienes muestran una falta de interés por la subjetividad, que esta noción ocupará un lugar marginal en nuestro proyecto, que su relevancia existencial se verá limitada y reducida a un dominio demasiado local de la naturaleza? ¿Dónde debe situarse la experiencia subjetiva en relación con el sentir? Al parecer, el término "sujeto" se refiere ya no al sujeto antropológico, sino a todas las formas de existencia concebibles, pues designa todo lo que podemos sentir y experimentar, todo lo que se deja afectar por el mundo. Sin embargo, podría ser que el sentir sea una actividad más primaria que no requiere sujeto alguno...

Para afrontar estos interrogantes debemos distinguir dos sentidos del término "sujeto", los cuales derivan de dos tradiciones diferentes en la historia de la filosofía: un sujeto puede ser pensado como *subjetum* o como *superjacio*. Nuestro objetivo no es contrastar estas dos concepciones ni tomar partido por una o la otra, ni siquiera identificar sus respectivas limitaciones. En cambio, nos parece que cada una pone de relieve diferentes aspectos de la noción de subjetividad, aspectos que podrían volverse complementarios en el marco de una metafísica de los sentires como la que proponemos aquí. Ciertamente, estas dos concepciones entran en oposición cuando se las confronta, pero su rivalidad podría desaparecer si se contemplaran como dos momentos diferentes del sentir. A continuación argumentaré que hay distintas fases del sentir que se corresponden con diferentes aspectos de la subjetividad. Las características asociadas a estos dos orígenes de la noción de subjetividad necesitan ser especificadas, ya que expresan dimensiones fundamentales de la experiencia, y por último, necesitan ser colocadas en el marco de una metafísica del sentir.

Comencemos por el primer sentido del término sujeto. El mismo encuentra su origen en la noción de *subjectum* que se impuso con la filosofía moderna. Esta concepción expresa la idea de *estar puesto bajo*, de estar arrojado abajo de algo. El sujeto es, por lo tanto, pensado como lo que está por debajo de las apariencias, de los atributos variables, de las afecciones cambiantes y de las cualidades de superficie, manteniéndose siempre en retirada para conformar el soporte o el fundamento del que ellas emanan. En sus cursos sobre Nietzsche, Heidegger da una descripción que puede servirnos como punto de partida para identificar y rearticular estas cualidades del sujeto:

> El *subiectum* es lo sub-puesto, lo sub-yecto en el *actus*, algo a lo que también puede recaerle otra cosa. En esto que le recae, en el *accidens*, se ha vuelto asimismo inaudible el co-advenir a la presencia, es decir, un modo del presenciar. Lo subyacente y sub-puesto (*subiectum*) asume el papel del fundamento sobre el que se pone otra cosa, de manera tal que lo sub-puesto se puede comprender también como lo sub-estante y, de este modo, como lo *ante* todo constante.[122]

Pero la cuestión del *subjectum* debe ser puesta en el contexto de lo que nos ocupa actualmente. ¿A qué experiencia, a qué dimensión del sentir, nos remite esta noción? Si seguimos a Heidegger en este pasaje, pero traducimos sus afirmaciones a los términos de una metafísica del sentir, el *subjectum* sería la realidad en retirada que hace las veces de soporte, de base permanente, de origen del sentir. No cabe duda que la metafísica de los sentires que hemos desarrollado hasta aquí se ajusta muy mal a una visión tal del sujeto. Sin embargo, me enfocaré en identificar aquello que en este enunciado acerca del sujeto como *subjectum* parece derivar de la experiencia común y corriente. Si esta visión de un sujeto que está en posesión de sus sentires se ha impuesto definitivamente en la filosofía moderna, es porque sin duda captura algunos rasgos fundamentales de la experiencia. Expresa la idea de que toda experiencia está polarizada, orientada hacia un sujeto que es su centro y del que emanan sus cualidades expresivas: tonos afectivos, sonidos, colores, sensaciones táctiles, etc. En la medida en que los sentires parecen indicar un sujeto en torno al cual gravitan dichas cualidades, entonces este sujeto bien podría ser el centro del que emergen. Pero esto solo es así retrospectivamente; solo con posterioridad a los hechos, es decir, una vez que la actividad del sentir ha acontecido, podemos atribuirle una fuente o un propósito que lo trascienda. Por lo tanto, debemos invertir el orden, o mejor dicho, restablecerlo, a fin de brindarle a la relación del sentir con el sujeto una génesis real. La semblanza de un soporte o fundamento del sentir, la idea de que hay un sujeto del que los sentires emanan, puede parecer incontestable, a tal punto que varios filósofos de la subjetividad han tratado de convertirla en su piedra angular. Sin embargo, en última instancia, se trata del *efecto* de un proceso, no de su *producto*. Volvamos una vez más a Descartes:

> Descartes concibe que el que piensa crea el pensamiento ocasional. La filosofía del organismo [de Whitehead] invierte el orden y concibe al pensamiento como operación constituyente en la creación del pensador ocasional. El pensador es el fin mediante el cual hay pensamiento.[123]

Este sujeto que está en plena posesión de sí mismo y, por implicación, de sus sentires (o, en el ejemplo de Whitehead, de sus pensamientos); este sujeto que parece estar colocado por debajo de sus alteraciones, actuando como soporte de ellas, no debería ser considerado la realidad última de lo que acontece. Por el contrario, es algo retrospectivo, el resultado de una "cadena de experiencias"[124] mediante la cual se vuelve íntegramente sí mismo y adquiere una completitud propia. El sujeto aparece desde el momento mismo en que sus sentires se cristalizan en una experiencia unificada, en un complejo de sentires que se transforma en una experiencia singular. La mayor parte del tiempo un pensamiento no necesita estar atado a un sujeto, pero, si intentamos rastrear de manera retrospectiva los pasos de su desarrollo, estaremos agregando siempre un sujeto que, en rigor, siempre es algo derivado.

Podemos ahora generalizar esta inversión y aplicarla a todos los centros de experiencia que existen en la naturaleza: un animal, por ejemplo, está compuesto de una multiplicidad de centros de experiencia "que son las diversas partes de su cuerpo"[125], cada uno con sus sentires propios y sus maneras peculiares de ser afectado y de entrar en relación con un entorno que es mucho más amplio que las experiencias mismas. Pero estos innumerables centros de experiencia, las partes del propio cuerpo, están conectados entre sí como si fuesen un "único centro de experiencia"[126] que hace que esta pluralidad de nodos corporales se comuniquen y formen una unidad más compleja, tan viva que se manifiesta como *este* animal particular. Cada centro de experiencia de un cuerpo es un sujeto por derecho propio, ya que expresa una pluralidad de sentires situados en torno a un único nodo[127]; sin embargo, el conjunto de dichos centros, en la medida en que convergen en una síntesis superior, también forman un sujeto que es el animal, el cual conforma una unidad compleja de experiencias. Ruyer, en clara alusión a Whitehead, utiliza la frase "subjetividades superimpuestas"[128] para describir estas multiplicidades interconectadas. Así pues, según Ruyer, no deberíamos dudar en "brindarle a los seres físicos una subjetividad, en igual medida que a los campos de consciencia"[129]. La articulación de estas subjetividades locales es la condición de posibilidad para la conformación de un cuerpo. Volveremos sobre este punto en el próximo capítulo. Por el momento, quisiera señalar que la pregunta por los sentires puede ser formulada para los distintos niveles de existencia, aunque es posible identificar en cada caso una unidad local de experiencia. Sin embargo, un nivel más alto de unidad, una suerte de mónada suprema, no siempre es necesaria, según Whitehead. Por ejemplo, "En el caso de los vegetales, encontramos organizaciones corporales que decididamente carecen de un centro de experiencia con complejidad elevada en términos de sensaciones recibidas o datos innatos"[130]. Hay ciertamente una multiplicidad de pequeños centros de experiencia, pero no es necesario que estén subordinados a un centro de control superior. Por ello, Whitehead señala que "Un vegetal es una democracia; el animal se halla dominado por uno o más centros de experiencia. Pero este dominio es limitado, muy

estrictamente limitado. Las expresiones del centro director dependen de
que éste reciba los datos que le ofrece el cuerpo"[131]. Así pues, la visión del
sujeto como *subjectum* refleja una parte importante de la experiencia de los
sentires, siempre y cuando haya una consolidación[132] de estos últimos que
son el producto final de un proceso por el cual los sentires se densifican de
una fase a otra para dar lugar a una experiencia unificada, es decir, a una
experiencia de sí: *esta* parte del cuerpo, *este* animal, *este* pensador.

Sin embargo, por sí sola, esta visión del sujeto resulta insuficiente. Así
planteada, ¿no nos hace caer de manera inexorable en un círculo vicioso?
Ya sea que lo situemos en el origen de la actividad del sentir, como hace
la concepción clásica, o bien al final, es decir, en cuanto término de un
proceso de consolidación, como acabamos de proponer, en ambos casos lo
que constatamos es un salto en la explicación que viene simultáneamente a
cerrarla. En efecto, si el sentir no fuese ya en cierto modo algo subjetivo, o
al menos *una potencia de la subjetividad*, ¿cómo podría devenir? Si en verdad
la experiencia subjetiva se situara únicamente al término de un proceso,
es decir, en su fase final, ¿cómo sucedería el pasaje de lo no-subjetivo a lo
subjetivo? Podemos ubicar esta transición donde queramos (al principio,
al final o en el medio); podemos incluso hablar de una ampliación de la
dimensión subjetiva, pero la operación misma sigue siendo un misterio,
a menos que hubiere un residuo de subjetividad en todos los niveles del
sentir. Es precisamente en este punto que adquiere un sentido pleno la
recuperación hecha por Whitehead de una significación *otra* de la noción
de sujeto, el sujeto como *superjeto,* la cual toma de una tradición diferente.
Podemos traducir este término utilizando una serie de expresiones como
"tirar por encima" o "lanzar hacia". El mismo ya no designa un sujeto
plenamente realizado sino una tendencia: el "designio es el complejo de
sentimiento en el cual consiste el goce de estos datos en esta manera"[133].
Es en el interior mismo del sentir, en sus formas, que debemos situar
esta subjetividad latente que, como lo expresa el propio Whitehead, no
es otra cosa que el modo en que el sentir mismo se despliega. Este sujeto
es, en esencia, *una manera*, la manera en que una experiencia es forjada,
o la forma en que algo es sentido, un modo de atestiguar. Cada sentir se
caracteriza por una *manera propia*, por una tonalidad que lo distingue de
todos los demás sentires[134]. No hay ninguna necesidad de postular un sujeto

autónomo, poseedor de sus propias experiencias, para darse cuenta de que ya los pensamientos y las impresiones sensibles encarnan maneras singulares de relacionamiento con los datos que el entorno les procura. Esta manera es un blanco, la orientación a partir de la cual lo sentido se ve animado o movilizado. Así pues, podemos afirmar que "Los sentires son inseparables del fin a que aspiran, y este fin es el sintiente. Los sentires aspiran al sintiente como su causa final"[135].

Como ya señalamos, los dos sentidos del término "sujeto" –subjectum y superjeto– no se niegan entre sí, sino que, por el contrario, ambos pueden ser parte de un pensamiento renovado de los sujetos, desprovistos ahora de toda orientación antropológica. Si, en efecto, comenzamos con la pregunta por los sentires, se vuelve patente que hay dos momentos de un sentir que se corresponden con las dos fases de la subjetividad. En su estado inicial, el sentir tiende a confundirse con lo que siente, es decir, con lo dado, con las sensaciones, las ideas e impresiones generales. Pero una forma subjetiva ya habita esta inmanencia del sentir en lo dado. Aunque el sentir sea, en esta primera fase, casi indistinguible de lo sentido, la manera, la polarización de lo dado, es ya la expresión de una subjetividad virtual (superjeto), de un estilo propio del sentir. Es al término de esta actividad que finalmente emerge una experiencia del yo, experiencia que Whitehead llama autogoce [self-satisfaction], es decir, una experiencia del sentir en cuanto tal, del estilo que le es propio. Así pues, surge un sujeto por derecho propio (subjectum), poseedor de sí mismo a través de los datos gracias a los cuales se configura. Deleuze nos brinda un resumen en el que sitúa el proyecto de Whitehead en la tradición neo-platónica:

> Por último, la satisfacción como fase final, el self-enjoyment, indica la forma en que el sujeto se llena de sí mismo, logrando una vida privada cada vez más rica, cuando la prehensión se llena de sus propios datos. Es una noción bíblica, y también neoplatónica, que el empirismo inglés ha elevado a su punto máximo (especialmente Samuel Butler). La planta canta la gloria de Dios, llenándose tanto más de sí misma cuanto que contempla y atrapa intensamente los elementos de los que procede, y en esa prehensión experimenta el self-enjoyment de su propio devenir.[136]

El gesto de Whitehead consiste en hacer de los sentires ya no un suplemento que será agregado a la naturaleza por el sujeto que percibe, sino su característica más fundamental. La estética deviene entonces el lugar de toda ontología; es la pluralidad de maneras de hacer y de ser así como las capacidades de ser afectado, o en otras palabras, las modalidades de "sentir" que están en el centro de una teoría de los sujetos de la naturaleza. No es necesario adoptar primero la oposición entre "realidad" y "percepción", "ser" y "valor estético", para luego intentar unificarlos, porque la naturaleza puede ser concebida directamente como una multiplicidad de centros de experiencia que son expresivos por derecho propio.

## Un manierismo platónico

No hay diferencia entre el sujeto y la manera. Esta afirmación, a la que hemos arribado observando fielmente el principio metafísico de la subjetividad, nos conduce ahora a nuevas preguntas: ¿en dónde se sitúa el origen de estas *maneras de ser* que, como dijimos, son constitutivas de la subjetividad, sea esta humana o no? ¿Son estas maneras algo localizado, es decir, algo que existe en un lugar determinado, o son más bien algo ubicuo, algo asociado a una multiplicidad de sujetos que serían portadores de un rasgo o cualidad común? ¿Son transmisibles –una suerte legado que pasa de un sujeto a otro– o bien desaparecen con los sujetos de los que parecen derivar a simple vista?

Estas preguntas nos enfrentan a uno de los aspectos más controvertidos de la filosofía de Whitehead. Como hemos visto, Whitehead no adhiere a una única escuela de pensamiento, sino que tiene filiaciones filosóficas diversas que no dejan de exhibir cierta coherencia de conjunto: los ejes principales son el empirismo, principalmente Locke; el pragmatismo de James y Dewey, y la filosofía de Bergson. Sin embargo, también reclama una herencia de otra índole cuando afirma que "es platónica la orientación de pensamiento de estas conferencias [*Proceso y realidad*]"[137]. No cabe duda de que esta referencia a Platón no es secundaria o local para Whitehead, sino que concierne a los principios mismos de su sistema metafísico. Lo confirma en numerosas observaciones que ponen de relieve la importancia de esta filiación platónica:

...si hubiéramos de vertir la postura general de Platón con el cambio mínimo impuesto por la interposición de dos mil años de experiencia humana en la organización social, en los logros estéticos, en la ciencia y la religión, tendríamos que emprender la construcción de una filosofía del organismo.[138]

Nuestra decisión de retomar la filosofía de Whitehead desde la perspectiva de una nueva teoría de los sujetos metafísicos nos obliga a tomar una posición: debemos determinar la importancia y la relevancia actual de esta herencia platónica en su pensamiento. No es nuestro propósito achicar o reducir el espacio de aplicación, sino rastrear esta reivindicación platónica; no por fidelidad a los textos mismos o a las intenciones de Whitehead, sino porque dicha herencia nos parece fundamental al momento de desarrollar una metafísica de los sentires. Sin embargo, la recuperación de este aspecto del pensamiento de Whitehead no resulta del todo evidente. ¿Cómo se puede situar su proyecto en una tradición empirista bajo la rúbrica de un empirismo superior o radical y, al mismo tiempo, afirmar y dar por sentado, sin la más mínima intención de polemizar, que el platonismo es una de sus mayores influencias? ¿Se debe a un desconocimiento imperdonable por parte de Whitehead sobre las oposiciones, los rechazos explícitos y mutuos, entre estas filiaciones filosóficas? Su relación con el platonismo no es acaso de carácter estrictamente parcial, es decir, vinculada a dominios particulares como, por ejemplo, el de las formas abstractas, la lógica y las matemáticas, dominios que posteriormente se añaden a otros ámbitos de su filosofía en los que la herencia empirista resulta más relevante? Estas preguntas plantean un giro peculiar, sobre todo cuando se las formula desde la perspectiva que adoptamos en el presente libro. La metafísica de los sujetos busca superar la bifurcación moderna de la naturaleza, pero si le acordamos un lugar tan central al platonismo, ¿acaso no corremos el riesgo de desembocar nuevamente en la bifurcación como resultado de la introducción de un nuevo dualismo?

¿En qué consiste, exactamente, este platonismo que Whitehead reivindica? No encontraremos en su obra descripción, interpretación, o síntesis alguna del pensamiento de Platón; y esto es algo que tampoco sucede en el caso de Bergson. Las referencias a Platón son más bien dispersas, pero si hemos de darle su debida importancia a esta conexión, será necesario recogerlas y tratar de extraer de ellas algún sentido de este extraño platonismo. Descubriremos que se trata de un platonismo purificado al extremo, reducido a su expresión más simple, un platonismo librado del "esquema sistemático de pensamiento que los investigadores extrajeron dudosamente de sus obras"[139]. El platonismo de Whitehead busca ser más auténtico y directo; busca evitar todas las consideraciones tardías de las que esta filosofía ha sido objeto. Es un platonismo devuelto a sus intuiciones más primordiales. Whitehead localiza su fundamento en *El Timeo*, que constituye la obra de referencia a partir de la cual se establecen los ejes de su ambiciosa herencia platónica. Reconoce que, "considerado como exposición de detalles científicos, es simplemente extravagante"[140], aunque un ímpetu profundo lo atraviesa, una idea cosmológica que requiere un contexto más actual.

La idea de este platonismo depurado, que Whitehead reconstruye, puede resultar sorprendente, ya que parece vincularse a la forma más clásica y frecuente del platonismo, su sentido más común. De hecho, lo que Whitehead en esencia recupera es la diferencia canónica entre, por un lado, la clase de cosas que es "inmutable, no generada e indestructible y que ni admite en sí nada proveniente de otro lado ni ella misma marcha hacia otro lugar, invisible y, más precisamente, no perceptible por medio de los sentidos"[141], y por otro, la clase de cosas que es "perceptible por los sentidos: generado, siempre cambiante y que surge en un lugar y desaparece nuevamente, captable por la opinión unida a la percepción sensible"[142]. Se trata de recuperar el estado inicial del platonismo pero sin ornamentos excesivos ni elaboraciones complejas. Nada debe agregarse a esta dualidad fundamental. El platonismo en cuestión es el de una distinción entre dos regímenes diferentes de seres: aquellos que son inmutables, no generados e indestructibles, y aquellos que devienen. Es esta diferencia la que Whitehead trata de intensificar llevándola a su punto máximo: el hiato entre dos regímenes de seres que niega toda relación de semblanza o pertenencia. Por lo tanto, es cuestión de adoptar, de manera literal, la idea desarrollada en *El Timeo* según la cual los seres en el primer orden de cosas son inaccesibles para los sentidos, pues están separados de toda experiencia sensorial. Whitehead llama a estos entes "objetos eternos", y si queremos comprender la importancia del platonismo en su obra, es justamente en torno a la pregunta por estos objetos que debemos empezar, pues son ellos quienes justifican la filiación platónica que exhibe la filosofía de Whitehead:

> … uso la frase 'objeto eterno' para designar lo que...denominé 'forma platónica'. Toda entidad cuyo reconocimiento conceptual no entrañe una referencia necesaria a entidades actuales definidas del mundo temporal, se denomina 'objeto eterno'.[143]

Hay dos estadios asociados al concepto de "objeto eterno". En primer lugar, Whitehead establece una oposición primordial (ontológica) entre "objetos eternos" y "entes actuales". Ya hemos encontrado la noción de ente actual en la discusión sobre la pregunta por los sentires surgida del ejemplo de Descartes. Se trata de una noción absolutamente central para el trabajo especulativo de Whitehead; sin embargo, no es nuestra intención brindar una definición de la misma, pues buscamos evitar la proliferación de neologismos y distinciones técnicas. En cambio, me quedaré con el sentido general que el propio Whitehead nos brinda: el de un sujeto existente. Según los términos que hemos desarrollado hasta aquí, podemos afirmar que todo lo que no es un sentir efectivo, una toma, una captura, un acto de devenir, es un objeto eterno. Al definir los "objetos eternos" por oposición, la manera de proceder de Whitehead nos resulta particularmente conveniente y, al mismo tiempo, nos coloca directamente ante una dificultad mayor. De hecho, el contraste resulta ser bastante radical porque no contempla la posibilidad de matices: existen los "objetos eternos" y existen los sujetos. A simple vista, la propuesta de Whitehead puede parecer una simple oposición pero, en realidad, es una decisión bastante osada que excluye literalmente a los objetos eternos de cualquier relación de pertenencia con los sujetos ordinarios; ellos parecen flotar en un mundo paralelo, sin ninguna "referencia necesaria a entes actuales definidos", es decir, a la realidad concreta. Pero, ¿no hemos insistido a lo largo de las últimas páginas, llegando incluso a extraer un principio metafísico único del hecho que "fuera de las experiencias de los sujetos no hay nada, nada, absolutamente nada"? ¿Cómo es posible, entonces, comprender el estatus de estos "objetos eternos" si se los define por oposición a los sujetos? ¿Acaso no los reducimos a una nada si los contrastamos en este sentido con lo que constituye la condición y el fundamento mismo de toda existencia?

La pregunta no apunta tanto a la elección metodológica de Whitehead. Si este fuese el caso, podríamos relativizar la magnitud del problema diciendo que el método utilizado tal vez no era el más adecuado, ya que el mismo presupone una separación, mientras que el resto de su esquema niega por completo tal cosa. Pero el problema es más fundamental aún, y concierne al estatus mismo de los "objetos eternos". De hecho, Whitehead confirma esta división en el seno de la existencia, y de hecho no deja lugar a dudas sobre la dificultad de la problemática planteada:

> Que los tipos fundamentales de entidades son entidades
> actuales y objetos eternos; y que los demás tipos de entidades
> expresan solamente cómo todas las entidades de los dos
> tipos fundamentales están en comunidad entre sí en el
> mundo actual.[144]

Dijimos anteriormente que queríamos adherir de la manera más estricta posible el principio metafísico de la subjetividad, lo cual implica no postular existentes más allá de los sujetos. Sin embargo, ahora nos enfrentamos a una noción que parece contradecir por completo tal idea. Hay otro tipo de entes, igual de fundamentales que los sujetos, que no surgen de ellos, que no son expresiones de ellos, pero que sí poseen un estatus de existencia comparable al de ellos. Estas dificultades no son una cuestión accidental o secundaria; como veremos, forman parte de la naturaleza misma de los "objetos eternos".

Sobre la base de la oposición entre "objetos eternos" y sujetos podemos extraer algunos ejemplos, aunque la dificultad de una exposición tal radica en que los "objetos eternos" no pueden ser captados mediante transposiciones formales o generalizaciones de datos empíricos, y tampoco pueden ser tratados como un en sí o una forma pura. Sin embargo, podemos indicarlos a partir de un ejemplo concreto. Regresemos al Obelisco de Cleopatra. Dijimos que se trataba de un acontecimiento que, a diferencia de la percepción que tenemos de él, parece algo inalterable. No obstante, si cambiamos de escala, ya sea introduciéndonos en las partes que componen el obelisco, o bien tomando distancia de él para meditar sobre la larga historia en la que se inserta (historia que incluye no solo el lugar dónde fue creado, sino también cómo se fue transformando a lo largo de los siglos), ciertamente podremos observar el obelisco como si fuera un acontecimiento singular, atrapado en un devenir que es irrepetible cuando se lo compara con el de cualquier otro acontecimiento. Es que cada acontecimiento es singular, cada momento particular y, pese a ello, no dejamos de reconocer algo en los acontecimientos: "según avanzan ustedes a lo largo del dique, levantan de pronto la vista y dicen: 'Mira, ahí está el Obelisco'. En otras palabras, lo reconocen"[145]. Lo que es reconocido no es el cambio que afecta al obelisco, tampoco su singularidad, sino los entes que lo componen: su color particular, su forma geométrica, su textura específica, en fin, todos esos elementos que persisten en la experiencia y que se manifiestan como un "aquí está de nuevo". Estos elementos hacen que el obelisco sea comparable con miles de otras experiencias parecidas, cada una igualmente singular en su existencia efectiva. La experiencia del obelisco remite a todos esos factores de su existencia que se repiten una y otra vez, que se trasladan de una existencia a otra y que están temporalmente localizados en diferentes instantes. Nunca tenemos una experiencia de un color en sí, de una forma geométrica o de una tonalidad pura; solo experimentamos el "ingreso" de estos elementos a los acontecimientos particulares: una variación específica en este preciso momento y lugar. Por lo tanto, deberíamos decir que un color es algo eterno, que "Ronda el tiempo como un espectro. Viene y se va. Pero a donde quiera que vaya es el mismo color. No subsiste ni vive. Aparece cuando se le necesita"[146]. Así pues, vemos surgir categorías o clases de objetos eternos que se encuentran diseminados por toda la obra de Whitehead: "sensa" como el "verde" o el "azul", pero también gradaciones de estos colores; universales de calidad; "sensa" que funcionan como cualidades de emoción; cualidades de forma e intensidad; objetos pertenecientes al espacio objetivo como las formas matemáticas, y por últimos, "patrones" y "relaciones"[147].

¿Cómo apropiarnos de estos "objetos eternos" en el contexto de una teoría de los sujetos? ¿Por qué nos parece tan importante otorgarles un estatus real y, al mismo tiempo, seguir a Whitehead en su afirmación de que el movimiento de su pensamiento es platónico? ¿Qué lugar pueden ocupar estos objetos en relación con el principio metafísico de la subjetividad? La pregunta rectora que hemos entretenido hasta el momento concierne a la *manera* en que el sujeto prehende un mundo que lo antecede, es decir, *cómo* lo captura, lo integra y se constituye a partir de dichos actos. La manera es, como hemos dicho, el centro de la existencia. Pero, ¿de dónde proviene? ¿Cuál es su origen y su fuente? Es tentador responder, dado que para Whitehead no hay más que sujetos, con la afirmación de que la manera en que estos heredan el mundo que los antecede deriva del mismo mundo que los precede. A cada instante, el universo se compacta en una multiplicidad de puntos de vista que son estas subjetividades de las que no hemos cesado de hablar. Y el proceso se extiende hasta el infinito: cada nueva subjetividad se suma a esa multiplicidad infinita compuesta de otras tantas para formar el material básico con el que se forjan todas las demás.

Pero, si la manera a través de la cual se expresa esta nueva subjetividad surge enteramente de un pasado heredado por ella, ¿de dónde proviene su novedad? La introducción de los objetos eternos nos presenta dos alternativas: o bien la manera a través de la cual el sujeto hereda su pasado está íntegramente definida por ese mismo pasado, es decir, por otros sujetos, de forma que el universo se repetiría indefinidamente transfiriendo de sujeto a sujeto los mismos modos de existencia sin agregados ni retiros; o bien debemos admitir que la *manera* no deriva del pasado, sino que es una condición de novedad que está más allá de toda herencia. De acuerdo con nuestra interpretación, los objetos eternos son, contra todo pronóstico, las condiciones de la novedad. Así pues, nos unimos por completo a Deleuze cuando transforma los "objetos eternos" en virtualidades puras que vienen a definir en los acontecimientos las novedades que ellos expresan. En el siguiente pasaje de *El Pliegue*, Deleuze caracteriza el conjunto de las relaciones entre sujetos –tomando la noción de mónada en Leibniz– como prehensiones y virtualidades, y explica estos conceptos a través de un ejemplo: hay un concierto esta noche.

> Ese es el acontecimiento. Unas vibraciones sonoras se
> extienden, unos movimientos periódicos recorren la
> extensión con sus armónicos y submúltiplos. Los sonidos
> tienen propiedades internas, altura, intensidad, timbre. Las
> fuentes sonoras, instrumentales o vocales, no se contentan
> con emitirlos: cada una percibe los suyos, y percibe los
> otros al percibir los suyos. Son percepciones activas que se
> interexpresan, o bien prehensiones que se prehenden las unas
> y las otras...Las fuentes sonoras son mónadas o prehensiones

que se llenan de gozo de sí mismas, de una satisfacción
intensa, a medida que se llenan de sus percepciones y pasan
de una percepción a otra. Y las notas de la gama son objetos
eternos, puras Virtualidades que se actualizan en las fuentes,
pero también puras Posibilidades que se realizan en las
vibraciones o los flujos.[148]

De este modo, los "objetos eternos" se convierten en la condición
fundamental de toda novedad: "Su eternidad no se opone a la
creatividad"[149]. Este es el sentido global del manierismo cosmológico que
hemos propuesto en este libro: las maneras no derivan de algo más, sino que
nunca dejan de variar en función de las condiciones locales de existencia. El
sujeto no proyecta sobre la naturaleza, o sobre su experiencia, las maneras
que le son propias, sino que son las maneras locales de aprehender, de
capturar e integrar las que garantizan las condiciones de individuación
del sujeto de la experiencia. Son, por lo tanto, inmanentes a la novedad,
necesarias para la producción de un sujeto siempre nuevo.

Pero si los objetos eternos no derivan de los sujetos, ¿no corremos
entonces el riesgo de reducir la importancia ontológica de los sujetos, puesto
que, al invertir los términos del argumento, la colocamos en el interior de
los objetos eternos? Para expresarlo en los términos clásicos de la metafísica:
si lo potencial (los objetos eternos) no puede explicarse en términos de lo
actual (los sujetos), ¿no nos vemos acaso obligados a explicar lo actual desde
lo potencial? Lo potencial, que según Whitehead es algo eterno, sin génesis
ni cambio, corre el riesgo de convertirse en una forma pura, en un principio
de individuación que organizaría todo lo actual. Quisiera argumentar que es
justamente esta cuestión la que condujo a Whitehead a criticar el abordaje
que él mismo había extraído del Platonismo en un primer momento: la
teoría de la participación. La misma guarda relación con la tentación que
atraviesa toda la tradición griega de dar a las matemáticas una aplicación
que se extiende más allá de lo que podríamos razonablemente esperar:

Platón, en el primer período de su pensamiento, engañado por
la belleza de las matemáticas, inteligibles en una perfección
inalterada, concibió un mundo superior de Ideas, eternamente
perfecto y eternamente entrelazado: en su última fase repudió

a veces este concepto, pero jamás llegó a desterrarlo de su
pensamiento de una manera consecuente.[150]

El modelo platónico de pensamiento no es falso en cuanto tal; sigue siendo
una manera pertinente de explicación para ciertas realidades, pero su
generalización metafísica, según Whitehead, resulta excesiva. Encontramos
esta crítica con mucha frecuencia en sus escritos: la generalización de
la pertinencia de un método vinculado a un dominio particular de la
experiencia (como puede ser el modelo de la participación y, de manera
más general, los modelos deductivos) no puede ser transpuesta sin más a
otros dominios particulares. Es en la confusión de los métodos propios de
las matemáticas y de la filosofía que Whitehead percibe una exageración en
lo que respecta a la importación del modelo de la participación y el riesgo
inherente a la construcción de una ontología sobre esta base:

> El método primario de la matemática es la deducción; el
> método primario de la filosofía es la generalización descriptiva.
> Bajo el influjo de la matemática, la deducción se insertó
> subrepticiamente en la filosofía como método regulador, en
> vez de ocupar un verdadero lugar como esencial modo de
> verificación cuando sea preciso comprobar el alcance de las
> generalidades.[151]

Por ello, Whitehead opone a la participación un modelo que se centra en lo
que él llama *ingresión*: "El término 'ingresar' se refiere al modo particular
en que la potencialidad de un objeto eterno se realiza en una entidad
actual particular, contribuyendo así a la definidad de esa entidad actual"[152].
La ingresión es el proceso por el cual un "objeto eterno" se actualiza en
el interior de un nuevo sujeto. No podemos pensar más allá del mundo
existente compuesto por otros sujetos que determinan los campos de
posibilidades y, en consecuencia, de actualización de tal o cual objeto eterno.
Estos objetos son neutrales respecto de los sujetos en los que se actualizan:

> Un objeto eterno es siempre una potencialidad para entidades
> actuales; mas en sí, como conceptualmente sentido, es neutral
> con respecto al hecho de su ingresión física en cualquier
> entidad actual particular del mundo temporal. 'Potencialidad'
> es el correlativo de 'ser dado'. El significado de 'ser dado' es

que lo que *es dado*, podía no haber sido 'dado'; y que lo que *no es* 'dado' *podía haber sido* 'dado'.[153]

A diferencia de la participación, podemos afirmar que el modelo de la ingresión constituye una verdadera inversión que pone en evidencia la dependencia de los "objetos eternos" respecto del mundo y sus procesos inmanentes. No son los objetos eternos quienes dan cuenta del mundo o lo proveen de razones, sino que, por el contrario, es el mundo y sus existentes quienes reclaman lo relevante y lo posible en cada situación determinada. Es como si el universo, en su avance creativo, no cesara de producir nuevas limitaciones que son las existencias mismas, canalizando así los posibles que ellas heredarán en cada caso bajo una nueva modalidad. Si los objetos eternos no gozaran de una existencia formal, si no fuesen requeridos por un mundo en el que sus encarnaciones locales varían de manera constante, los sujetos no serían más que repeticiones mecánicas de sí mismos. Es aquí donde se puede ubicar la exigencia esencial del empirismo que recorre toda la metafísica de Whitehead: "Los objetos eternos...no tienen nada para decirnos acerca de su ingresión en la experiencia: para verlos, solo tenemos que hacer una cosa: aventurarnos en el dominio de la experiencia"[154]. De este modo, los "objetos eternos", esas maneras de sentir, nos enfrentan a preguntas nuevas: ¿cómo se transmite la manera de sentir de un acto al siguiente? Si cada acto es diferente, totalmente nuevo en su estilo singular e incomparable a todos los demás actos, ¿cómo explicar la persistencia de un ser a lo largo de una duración más o menos extensa? Y si el universo nunca es el mismo dos veces porque la creatividad y la producción de la novedad resultan ser radicales, ¿como podemos tener experiencias de diferentes órdenes de duración y persistencia en la naturaleza? En una palabra: ¿cómo se transfiere un objeto eterno, o más exactamente, un complejo de objetos eternos, de un momento a otro de la existencia de un ente?

## La transmisión de los sentires

La instauración de una metafísica de los sentires nos obliga a intensificar la dimensión individual del acto del sentir: lo que nos importa es *esta* manera singular de captura en un momento determinado. Los ejemplos que hemos tomado hasta aquí (un microorganismo, una planta, un animal

al acecho, incluso el pensador de Descartes) no pueden ser reducidos a
meros actos. En la mínima sensación que el animal tiene de su entorno, en
el movimiento más espontáneo del cuerpo o en el pensamiento más efímero,
no encontraremos nunca actos simples y únicos. Por lo tanto, cuando
Whitehead escribe que "una flor gira hacia la luz con mucha más certeza
que un ser humano...", debemos suponer una multiplicidad concatenada
de actos del sentir, una verdadera "democracia". Si observamos lo que
sucede desde una perspectiva exterior, tendremos la impresión de que una
acción más o menos sencilla pero lenta se está desarrollando ante nuestros
ojos: la flor se orienta hacia la luz. Pero si cambiamos de perspectiva y nos
introducimos, con ayuda de la imaginación o la mediación técnica, en el
interior de ese acto aparentemente simple, descubriremos que reúne una
multiplicidad de pequeñas acciones que vienen a conformar cada parte de la
flor: transferencias o transmisiones que suceden de un momento a otro a lo
largo de toda la duración que constituye el tiempo propio de su movimiento.
¿Acaso no podríamos decir lo mismo de la persistencia a través de los siglos
del obelisco de Cleopatra o de una fulguración de un pensamiento? ¿No
son, ellos también, multiplicidades, entrelazamientos de actos del sentir que,
vistos desde afuera, parecen simples y homogéneos? ¿No sería más adecuado
afirmar, a la manera de Butler, que "cada individuo puede ser múltiple
en el sentido de estar compuesto de un vasto número de individualidades
subordinadas que llevan vidas separadas dentro de él, con sus esperanzas,
miedos, e intrigas, naciendo y muriendo dentro de nosotros, durante nuestro
tiempo de vida unitario, muchas generaciones de ellas."[155]?

Llamaremos "sociedad" a todas estas existencias colectivas, a todos estos
agenciamientos o articulaciones del sentir. Whitehead describe la vida de un
ser humano en estos términos:

> Por ejemplo, la vida del hombre es una ruta histórica de
> ocasiones actuales que en grado pronunciado –como se
> examinará más adelante– se heredan entre sí. Esa serie de
> ocasiones, que data de su primera adquisición de la lengua
> griega e incluye todas las ocasiones hasta llegar a su pérdida
> de un conocimiento adecuado de esa lengua, constituye una
> sociedad con respecto al conocimiento de la lengua griega.

Ese conocimiento es una característica común heredada de
ocasión a ocasión a lo largo de la ruta histórica.[156]

En este ejemplo, Whitehead utiliza la noción fundamental de *ruta histórica*.
La vida de una persona es un trayecto histórico a lo largo del cual los
actos del sentir se suceden unos a otros, formando así una larga cadena
ininterrumpida de transmisiones y recuperaciones. Cada acto retoma
los actos precedentes, que a su vez se transmitirán a los siguientes. Y si
Whitehead trae a colación una dimensión de la existencia tan anecdótica
como el conocimiento de un idioma extranjero como el griego, es
porque quiere poner de relieve el hecho de que esta ruta histórica no está
compuesta de una sola dimensión, de un único movimiento. ¿Qué sería,
en efecto, de la vida de una persona si no encontráramos en ella más que
una simple sucesión de actos puramente biológicos o corporales? ¿Sería
posible imaginar una vida sin concederle realidades de otro orden como
el aprendizaje de una lengua, con sus primeros pasos, su desarrollo e
intensificación, sus maneras propias de existir y el momento final en el que
la lengua se olvida? Este aprendizaje, con sus expectativas, sus esperanzas
y sus fracasos, ¿no constituye una historia genuina, un trayecto histórico
que, de muchas maneras, parece vivir una vida que es diferente y paralela a
otras dimensiones de la existencia de una persona? Y si admitiéramos esto
para el caso de la adquisición de una lengua, ¿como podríamos utilizar este
mismo principio para otras dimensiones de la existencia? La vida de cada
órgano ¿no es, acaso, ella también, una ruta histórica que podría ostentar,
como el conocimiento del idioma griego, su propia biografía? Estamos ante
una vida que se ha complejizado profundamente. En principio está hecha
de actos del sentir, pero dichos actos se despliegan en direcciones múltiples,
conformando una infinidad de trayectorias que a primera vista podrían
parecer independientes.

Sin embargo, se trata de *una* vida y de la *misma* persona. Podemos
desplegar al infinito estas rutas históricas, multiplicar las perspectivas
sobre las que se apoyan mostrando que los tiempos que las componen son
plurales, por lo que sería en vano tratar de subsumirlas todas bajo una forma
común. Al mismo tiempo, es imposible evitar la impresión de que todo esto
involucra una realidad continua. Esta impresión ¿es el resultado de una
ilusión de la representación que proyecta sobre lo real sus propias categorías

y que no haría más que encontrar allí lo que ha puesto de antemano?
¿O es que, por el contrario, se trata de la afirmación de una dimensión
fundamental –la identidad– que la pluralidad de aspectos de la existencia
enmascaran sin poder eliminar del todo? La pregunta por las rutas históricas
de los sentires, estas organizaciones sociales que se encuentran repartidas
en todos los niveles de la existencia, no nos obliga a elegir entre estas dos
opciones. El hecho mismo de que se trate de la *misma* vida no puede ser
reducido a una simple modalidad de la representación. Esta experiencia de
lo mismo, de la unidad, expresa en verdad algo real. Pero esto no significa
que deberíamos postular una forma de sustancialismo del que, se supone,
derivarían todos los actos del sentir que componen una vida. Más allá de
los actos de sentir no hay nada y, sin embargo, la identidad es algo *real*.
A continuación, Whitehead nos brinda los elementos necesarios para
esclarecer este punto:

> Un rasgo de orden más importante habría sido ese carácter
> complejo en virtud del cual se considera que un hombre
> es la misma persona persistente desde el nacimiento a la
> muerte. En este ejemplo, los miembros de la sociedad están
> dispuestos también en un orden consecutivo por sus relaciones
> genéticas.[157]

Una ruta histórica es la identidad misma de una persona. La historia de
los actos que componen su vida no define la actualidad de su despliegue,
sino que conforma una sustancia más profunda. Es la historia de la manera
con la cual un acto se sigue de otro, heredándolo para ceder luego la posta
a otros actos. De este modo, la ruta de herencia establece las "relaciones
genéticas" de individuación de los actos mismos. Por supuesto que ningún
acto del sentir puede condicionar la manera en que es heredado, ya que
el proceso de herencia es en sí mismo completamente libre. Sin embargo,
por el hecho de haber tenido lugar, por haber sido *este* acto y no aquel otro,
la trayectoria en la que se encuentra implicado adquiere una contexta
específica y, en este sentido, podemos decir que tales actos canalizan el
devenir[158]. Por ejemplo, un animal en alerta puede no estar en contacto
directo con su predador; no obstante, siente una vaga e inquietante
presencia que los signos producidos por su entorno atestiguan. Su acción
y atención en el presente es una extensión de estas impresiones ya pasadas:

un ruido inusual, un olor, o el movimiento abrupto de otros animales. El animal puede acercarse o alejarse de la presunta fuente del peligro, y sea cual fuere su decisión, cada nuevo acto incorporará la herencia de esta ruta histórica a la que debe adecuarse sin que se trate en absoluto de una repetición mecánica. El punto central es que no necesitamos postular la existencia de una memoria, de una consciencia o de un hábito de conducta para establecer un lazo entre todos estos actos heterogéneos. Es en el interior mismo del acto del sentir, en su realidad más profunda, en su constitución interna, que esta historia se despliega. Todo sucede como si cada acto fuera una memoria que recrea la historia completa que lo antecede. Pero vayamos un poco más lejos con nuestro ejemplo. El temor que se manifiesta en el preciso momento en que el animal siente el peligro no es reductible a un conjunto de sensaciones y percepciones. Estas mismas realidades podrían haber sido experimentadas de una manera muy diferente por otros seres vivientes equipados con otras modalidades afectivas como la empatía, la tristeza, o la curiosidad. El miedo no está en ningún lugar y, al mismo tiempo, permea toda la escena. Es por pura convención que decimos que un animal *tiene* miedo, pues vemos que el miedo está en cada una de sus acciones y, con frecuencia, invade los actos incluso antes de que el animal pueda tomar consciencia de lo que sucede. Deberíamos decir, en todo caso, que el animal está como poseído por el miedo, y que esta posesión no ocurre de un modo general, sino que está situada en cada acto específico. Cada acción está habitada por una modalidad del miedo que es la *manera* particular con la que el pasado es reunido. Esta manera se sitúa en el interior de cada acto; no surge de la nada, aunque todo en esta historia singular, en esta ruta histórica del animal en alerta, devenga la ocasión de su existencia. Estas características del miedo –el hecho de que no tenga un origen particular y se sitúe en una multiplicidad de actos del sentir que ocupan momentos y lugares específicos, en fin, el hecho de que ponga de manifiesto una *manera*– nos devuelve al platonismo que discutimos anteriormente. Whitehead siempre fue muy prudente con el uso de los ejemplos, sobre todo en lo que concierne a los objetos eternos; sin embargo, nos parece que una buena manera de pensarlos sería viéndolos como *este* miedo que es heredado de un acto a otro a lo largo de un trayecto histórico. Así pues, lo que ha sido transferido de un acto al siguiente no es solamente el contenido del acto, sino las condiciones por las cuales una cierta tonalidad afectiva (los objetos eternos) ingresa en una situación particular. Aunque siempre varíe, se intensifique o, al contrario, se disipe, el miedo es transmitido de un acto al que sigue, formando de este modo la historia de *esta* trayectoria particular que articula la preocupación que manifiesta en la vida de *este* animal. Para ser más precisos, habría que agregar que no es estrictamente el miedo lo que se transmite, sino las condiciones de su aparición.

Pero si la identidad de una sociedad reside en la ruta de herencia que le permite existir, en esta historia de actos que se retoman y se transfieren entre sí, entonces una sociedad no es algo aislado. El animal en alerta responde a las solicitudes que le llegan de todas partes y se inmiscuyen en cada región de su ser; la planta prehende la luz y de este modo manifiesta su sensitividad por las variaciones del entorno; incluso el obelisco no cesa de modificarse a través de las afecciones que le llegan de acontecimientos contiguos. El entorno es el teatro de una actividad intensiva que es necesaria para que "El Castle Rock de Edimburgo", que existe "de momento a momento, y de siglo a siglo, a causa de la decisión efectuada por su propia ruta histórica de ocasiones antecedentes"[159], perdure, se modifique y finalmente desaparezca. Todos estos ejemplos –la lógica misma de los sentires– nos permiten ver que el entorno no es un simple marco espacial en el que se desarrollan las acciones y adquieren corporeidad los acontecimientos. El hecho de que dos individuos estén espacialmente cerca uno del otro no garantiza en absoluto que ambos formen parte del mismo entorno. El entrelazamiento de las sociedades es tal que un mismo espacio puede abarcar distintos modos de existencia, formas de experiencia y de escalas de realidad que no necesariamente se superponen. Deberíamos hablar, a la manera de Simondon, de un "entorno asociado" [*milieu associé*], una manera de destacar el carácter profundamente dependiente –el interés vital– que un individuo tiene con su entorno.

La doctrina de que toda sociedad requiere un ambiente social más amplio, conduce a la distinción de que una sociedad puede ser más o menos 'estabilizada' con referencia a ciertas clases de cambios en su ambiente. Una sociedad se 'estabiliza' con referencia a una especie de cambio cuando puede persistir

a través de un ambiente cuyas partes pertinentes exhiban esa
clase de cambio. Si la sociedad dejara de persistir a través de
un ambiente con esa clase de heterogeneidad, la sociedad sería
entonces 'inestable' en ese aspecto.[160]

A partir de esta pregunta –de carácter profundamente pragmático– sobre
la estabilidad y la inestabilidad de las sociedades es posible determinar el
surgimiento de la diferenciación entre sociedades "físicas" y sociedades
"vivientes". No cabe duda que el problema de la distinción entre lo físico
y lo vital supera ampliamente los límites de este proyecto. Se trata de un
gesto parecido al de la bifurcación, ya que las reparticiones que operan
entre los seres, según las cuales se manifiestan dimensiones más bien físicas
o más bien vitales, es, en general, una ocasión para introducir un nuevo
reduccionismo de corte fisicalista o vitalista. Volvemos a encontrar aquí un
gesto similar al de la bifurcación, pero desplegado en un nuevo plano. Dicho
gesto, que consiste en extraer de los seres aquellas cualidades que serían
más esenciales (las cuales, en rigor, son mayormente construidas) para luego
oponerlas a las cualidades secundarias (de carácter puramente fenoménico)
alcanza aquí un nuevo grado de efectividad. Nosotros, en cambio,
proponemos, sobre la base de las relaciones entre las sociedades y sus
entornos que acabamos de discutir, un cambio de perspectiva. En lugar de
comenzar con una repartición puramente hipotética de los seres a partir de
la forma en que estos manifiestan sus cualidades físicas o vitales, para luego
establecer distintos vínculos, o bien aplicar una reducción de una forma a la
otra, sería más justo contemplar los efectos que se siguen de las diferentes
respuestas a las variaciones del entorno. ¿Qué otra visión de las diferencias
y de las relaciones entre las formas de existencia (física o vital) podría surgir
si ellas fuesen contempladas como distintas maneras de relacionarse con
variaciones comparables?

Una variación del entorno puede dar lugar a por lo menos dos
respuestas: la indiferencia y la metamorfosis. Comencemos por la primera
opción, que caracteriza a los cuerpos "naturales" o "físicos":

Estos cuerpos materiales pertenecen al grado más bajo de
sociedades estructuradas que se hacen patentes para nuestras
aprehensiones unificadas. Comprenden sociedades de varios
tipos de complejidad: cristales, rocas, planetas y soles. Esos

cuerpos son probablemente las sociedades estructuradas de
más larga vida entre las que conocemos, y susceptibles de
seguirse a través de sus historias de la vida individuales.[161]
En efecto, todas las sociedades se ven afectadas continuamente por su
entorno a través de intercambios, destrucciones y transformaciones, pero
las sociedades físicas se destacan por su capacidad de indiferencia. Todo
a su alrededor las afecta, es decir, no están menos sujetas a las mismas
alteraciones, con frecuencia imperceptibles, que sufren las "sociedades
vivientes"; sin embargo, parecen ser mucho más capaces de ignorar los
estímulos del entorno. De hecho, lo que les permite mantener una cierta
estabilidad –la condición de su persistencia– es que ostentan una cierta
tosquedad [*grossièreté*]. La expresión es utilizada por Whitehead con
una cuota de humor, para dar cuenta de una dimensión singular de esta
capacidad de respuesta a las variaciones que causa el entorno. En todo
caso, lo que debemos rescatar de esta expresión, por demás inusual, es
que nos remite al carácter cuasi estadístico de las sociedades físicas. Ellas
se rigen a partir de promedios, de una tasa de variación o alteración, que
reduce la mayor parte de los factores de transformación a simples detalles
que podríamos fácilmente ignorar. El único objetivo, la única finalidad de
una "sociedad", es mantener su ruta histórica, el movimiento de herencias,
recuperaciones y transmisiones que son estos actos del sentir que la
conforman. En el caso de sociedades como los cristales o las rocas, esta
capacidad de persistir requiere un promedio que permita excluir muchos
detalles irrelevantes. En ciertos momentos, los cambios del entorno pueden
devenir tan numerosos como los modos de experiencia que existen en la
naturaleza, imponiéndose los primeros a los últimos sin dejar margen para
la indiferencia que se había mantenido hasta el momento. Al no poder ya
metamorfosearse, tampoco podrá la sociedad mantener la ruta de herencias
que define su identidad.

En cuanto a la estabilidad de las sociedades vivientes, no se debe a
su indiferencia sino a la selectividad de su *parcialidad*, pues ellas están
esencialmente, incluso vitalmente, *interesadas* en lo que sucede en su
entorno. Los detalles de las variaciones, que podrían resultar insignificantes
en el caso de las "sociedades físicas", adquieren aquí una gran relevancia.
Estar interesado[162] significa, para ellas, "orientarse", "elegir" y "buscar"; se

trata, en esencia, de una actividad llevada a cabo en relación con un entorno específico. Estas sociedades no son afectadas pasivamente por lo que sucede a su alrededor, sino que, por el contrario, buscan activamente ser afectadas. Es por ello que conforman, en el orden de la naturaleza, las realidades más frágiles. El entorno no es una sucesión indiferente y diluida, parte de una media de registros, sino un conjunto de preguntas que van a empujar a la sociedad viviente a todo tipo de transformaciones internas (cambios en sus formas) y externas (cambios en los elementos del entorno). Si una sociedad se define como la persistencia de un orden social, entonces podemos afirmar que las sociedades vivientes son capaces de modificar dicho orden. Esta capacidad de transformación es la condición misma de su existencia. Su pasado no es algo que se imponga, sino una virtualidad que ella actualiza de diferentes maneras según el caso y en función de los cambios en su entorno. Las sociedades vivientes se dejan transformar por aquello que recorre sus intersticios, por aquello que ellas recuperan y que es parte de su ruta histórica.

La pregunta que debemos hacernos sobre las "sociedades vivientes" concierne ante todo a su *consistencia*. Definiremos la consistencia de un ser como "la capacidad de conservar su identidad a lo largo de las vicisitudes que resultan de sus relaciones con otros seres"[163]. Así pues, "todo cuerpo está provisto de un *cierto grado de consistencia*"[164]. Las sociedades vivientes mantienen, por medios que se renuevan de manera constante, un cierto orden gracias al cual emergen perpetuando una tradición que las define de antemano. Ellas comparten con las sociedades físicas un objetivo común (todas se empeñan en persistir en su ser), pero se distinguen de estas últimas por los medios que utilizan. Todo sucede para ellas en un nivel intersticial, en esos lugares vacíos donde merodea la vida con sus intervalos y bloques de devenir, pero también en esas zonas que separan las distintas series implicadas en una misma persistencia. Si un individuo es una sociedad viviente, al igual que cada célula, es justamente porque ambos se instalan ahí entre los actos que los constituyen y las recuperaciones y transformaciones que alteran sus modos de ser.

Las sociedades físicas, como las rocas o los cristales, "no son agentes que necesiten destruir sociedades más elaboradas provenientes del entorno; una sociedad viviente es un agente que actúa de este modo. Las sociedades que ella destruye son su alimento. Este alimento se procesa disolviéndolo en elementos sociales más simples, despojándolo de algo"[165]. Las condiciones de existencia de las sociedades vivientes involucran el arrebato y la destrucción de elementos provenientes del entorno. Lo arrebatado puede ser un organismo inferior a ella, pero el punto es que, "contribuya o no al bien general, la vida *es robo*"[166]. Lo que distingue al cristal de lo viviente es esa actividad interesada que define a los seres vivos. Al cristal le es indiferente tanto lo que él produce como los efectos de corto plazo que se producen en el entorno; un "ciclón no busca las zonas más vastamente pobladas para alimentar los destrozos que genera; va a donde va"[167]. Sin embargo, lo viviente necesita "medios para captar, reparar, seducir, capturar, atrapar y perseguir"[168]; la historia de un ser vivo es la historia de "los modos, cada vez más eficaces, de destrucción"[169] que le permiten perdurar. Es importante aclarar que todas las metáforas que podamos utilizar para comparar lo meramente físico con lo viviente conllevan el riesgo de hacernos olvidar lo esencial que los separa: indiferencia y desapego, por un lado, interés y afecto, por otro.

Siguiendo a Isabelle Stengers, llamaremos "dinámicas de afección"[170] al conjunto de relaciones interesadas y dependientes entre los seres vivientes y el entorno. Hablamos de "dinámicas" porque se trata de relaciones variables, nunca establecidas de una vez y para siempre; lo que una vez fue un actor luego devino, o es, desde otra perspectiva, el efecto de un proceso más amplio. Así pues, no tenemos otro punto de apoyo que las dinámicas mismas, las relaciones negociadas y cambiantes de lo viviente con su entorno. De esto deriva una definición mínima de lo viviente: lo viviente es lo que *infecta* y se deja *infectar*. Nótese que utilizamos el término infección en su sentido etimológico: *in-facere*, hacer dentro, actuar en el interior y, de manera más general, impregnar o ser impregnado, sin, por supuesto, que esto tenga la connotación puramente negativa de lo patológico. El término "infección" es tomado aquí en un sentido especulativo, es decir, neutral en cuanto a sus consecuencias para tal o cual ser viviente particular. La infección puede de la misma manera indicar tanto la destrucción como las transformaciones de las que el ser viviente es objeto. Es cuestión de designar todas esas relaciones de dependencia, de actividad, de contaminación y de procesos de integración –actos del sentir– a través de los cuales el ser viviente se apropia de los elementos de su entorno –la vida es robo– a la vez que los transforma irreversiblemente.

Todo sucede en los encuentros. La capacidad de una sociedad depende de su entorno y viceversa. No podemos ir más allá de esta forma de empirismo que hace foco en el entramado de relaciones que involucra a los seres vivientes:

> El punto que debe ponerse de relieve es la insistente particularidad de las cosas experimentadas y del acto de experimentar. La doctrina de Bradley –"el lobo que se come al cordero", como universal que califica a lo absoluto– es un disfraz de la evidencia. *Ese* lobo se comió a *ese* cordero en *ese* lugar y en *ese* momento: el lobo lo sabía; el cordero lo sabía; y las aves que se alimentan de carroña lo sabían.[171]

Otro lobo, otro entorno y otro encuentro implicarían otro acontecimiento y otras potencias. La potencia del lobo es relativa a la potencia del cordero y del lugar en el que tuvo lugar su encuentro. En principio, ninguno de estos términos tiene primacía por sobre el otro a la hora de explicar lo sucedido; es una verdadera ecología de relaciones lo que involucra tales dinámicas. Hasta ahora las hemos mantenido en un único nivel –el encuentro entre dos organismos– pero de aquí en más debemos generalizarlas para abarcar todos los niveles posibles de existencia. Todo organismo, en cuanto sociedad, es él mismo un ecosistema. En la obra del biólogo francés P. Sonigo encontramos una concepción bastante similar a esta generalización de las relaciones de infección. En *Ni Dios ni Gen*, Sonico escribe: "Las células forman una sociedad parecida a las que conocemos en otros niveles, en ecología o en economía"[172]. No se trata de metáforas, sino de otra manera, no menos técnica, de dar cuenta de los modos de existencia de las sociedades vivientes. Así pues, diremos que "las relaciones entre células se basan en los intercambios de recursos comparables a los que estructuran los ecosistemas (cadenas alimenticias) o las sociedades humanas (circuitos económicos)"[173]. Es todo un ecosistema lo que hallamos "en cada uno de nosotros, compuesto de billones de pequeños animales microscópicos que llamamos células. Ellas viven por ellas y no por nosotros. No saben que existimos"[174].

A diferencia de Bradley, Whitehead afirma que la relación entre el lobo y el cordero puede abordarse en términos de los billones de sociedades celulares que conforman un organismo. En cuanto sociedades vivientes, ellas arrebatan, capturan, y destruyen otras sociedades vivas y tratan, como lo hacen todas las demás, de prolongar su existencia, de perdurar. Aun las células se interesan por su entorno. Lo que pensamos de los organismos más complejos aplica también para los seres vivientes que habitan escalas infinitamente más pequeñas. Afectan y son afectados. La consciencia que un ser vivo pueda tener de estas dinámicas es una de sus expresiones, pero de ningún modo su arquetipo.

## Capítulo 3

## La intensificación de la experiencia

Hasta ahora hemos contrastado la experiencia moderna de la naturaleza –producto del gesto de la bifurcación– con una definición *manierista* del ser: no hay nada más allá de las maneras. Proponemos esta definición como una vía posible y coherente de entender un universo pluralista constituido por una infinidad de centros de experiencia[175], todos igualmente importantes, todos igualmente activos, y donde la experiencia antropológica, humana, representa apenas una de sus formas, sin poder pretender fundarlos ni servir de modelo. Para darle consistencia a esta idea, debimos reubicar todas las cualidades de las cosas –la perspectiva, la sensación estética, los sentidos de la importancia y del valor– en el interior mismo de la existencia. Necesitamos una filosofía que, por su forma misma, sus ambiciones y sus maneras de relacionarse con las cosas, pueda brindarle su debida importancia a esta experiencia esencialmente plural de la naturaleza. Llamamos a esta filosofía "especulativa" y le asignamos la función de *intensificar hasta su punto máximo la importancia de una experiencia.* Para construirla nos basaremos en algunos elementos extraídos de la última gran obra de Whitehead, *Modos de pensamiento.* Aquellos lectores y especialistas del filósofo inglés que se toparon con esta obra han mostrado poco interés (una actitud que creen justificada porque sienten que representa poco más que una tentativa de simplificar lo que ya había sido introducido en *Proceso y Realidad*); o bien desconfían de un libro que, por ser demasiado metafórico, demasiado lírico, parece introducir más confusiones que clarificaciones.

Sin embargo, este libro está atravesado por una nueva pregunta que no estaba presente en obras anteriores y que quisiéramos colocar en el centro de nuestra empresa especulativa: ¿de dónde proviene el sentido de la importancia? Esta pregunta supone una multiplicidad de otras preguntas que nos ayudarán a enfocarla mejor. Este sentido de la importancia, ¿alude a una facultad particular –la facultad de sentir, de imaginar, de razonar, etc.– que proyectaría sus intereses y valores sobre las cosas? ¿O, por el contrario, debe situarse en el interior mismo de la existencia, como si las cosas importaran por sí mismas, independientemente de las intenciones de quienes vienen a afirmar su valor? La importancia, ¿varía de una época a otra, sufriendo fluctuaciones históricas que hacen que rechacemos como anecdótico lo que una época anterior consideraba decisivo?

Antes de proponer una definición de la importancia, examinemos dos contrastes que nos vienen rápidamente a la mente. En primer lugar, la importancia se distingue de los estados de cosas. Sin embargo, Whitehead coloca a ambos en el interior de la experiencia: "Dos ideas contrapuestas parecen inevitablemente hallarse en la base de la experiencia en toda su amplitud. Una de ellas es la noción de importancia, el sentido, la presuposición de la importancia. La otra es la noción de hecho"[176]. La importancia concierne al valor de una cosa; los estados de cosas designan una *existencia bruta*. Una noción tal de existencia es una pura abstracción que deriva de un trabajo de simplificación del intelecto[177]. ¿Qué sería de una existencia fáctica desprovista absolutamente, esencialmente, de toda importancia? Aun si encontráramos un ejemplo de un hecho tal, ¿no lo haríamos siempre en nombre de la importancia que permea su posibilidad? ¿Y esto no vendría a confirmar o a negar la importancia de la hipótesis que está siendo testeada en su nombre? Podríamos decir lo mismo del concepto de importancia. ¿Qué sería la importancia en sí misma, es decir, independiente de cualquier situación, de cualquier existencia fáctica? ¿No perdería inmediatamente todo su valor si no remitiera, de alguna manera, a esas cosas que la sostienen y le brindan relevancia? El contraste entre importancia y estados de cosas no es una mera oposición; es una exaltación de las distintas cualidades de la experiencia. En última instancia, "No es posible huir de los puros hechos. Son la base de la importancia.

Y la importancia es importante a consecuencia del carácter ineludible de los hechos."[178]

Luego, la noción de importancia se distingue de otra con la que a menudo se confunde: el interés. Cuando decimos que una cosa es interesante o atrae interés, ¿no buscamos decir que es importante? Y a la inversa, la importancia que le atribuimos a una cosa, ¿no remite al interés que tenemos por ella? De hecho, hay una diferencia fundamental entre estas dos nociones: la importancia expresa la manera por la cual un acontecimiento cristaliza todo aquello que está en juego más allá de su existencia *hic et nunc*. Decimos de un descubrimiento o de una invención que son importantes cuando deseamos subrayar el hecho de que han cambiado genuinamente una situación del mundo en el que se insertan. Whitehead no duda en retomar esta visión común y corriente cuando afirma que la importancia (por ejemplo, de un acontecimiento histórico) es proporcional a las metamorfosis que ha ocasionado, más allá de su propia realidad, a lo largo de su trayectoria. En última instancia, si decidimos prolongar esta visión de la importancia, ello no supone afirmar que este concepto es la expresión de la "unidad del Universo"[179]. Desde el momento en que un acontecimiento histórico ha tenido lugar, todos los acontecimientos anteriores parecen –desde una visión retrospectiva– converger en torno a él; el acontecimiento histórico los hace ajustarse a una nueva etapa que es importante justamente en la medida en que parece formular una pregunta sobre el curso del mundo en el que se inserta y que lo trasciende ampliamente. La noción de interés no se encuentra tan alejada de esto, pero se vincula a la particularidad de un acontecimiento, a su individualidad. Si relacionamos lo que aportan estos dos contrastes (importancia y estado de cosas/importancia e interés), arribamos a la idea de que la importancia es esta unidad del universo que está ya siempre emplazada en un acontecimiento actual.

Whitehead nos brinda una definición más técnica: la importancia "es ser este aspecto del sentimiento mediante el cual se impone una perspectiva al universo de todas las cosas sentidas"[180]. Esta definición es un tanto oscura, y Whitehead se limita a introducirla sin proporcionar una justificación o desarrollo posterior, como si manifestara una evidencia que no necesita ninguna aclaración adicional. Es cierto que los términos utilizados, en particular, "sentir" y "perspectiva", han sido objeto de numerosos análisis en otros trabajos de Whitehead (por ejemplo, le dedica un capítulo completo a la noción de perspectiva en *Modos de pensamiento*). Sin embargo, la velocidad con la que formula esta definición de la importancia no se justifica en lo más mínimo por el mero hecho de haber sido abordada en otros textos. Tomemos la definición tal como se presenta en el pasaje anterior, sin sobrecargarla con otras interpretaciones. Lo que hallamos es que el término "sentir" aparece dos veces, dando la impresión de una definición circular que empieza con "sentir", es decir, con un aspecto del "sentir", y culmina con lo "sentido", es decir, con una perspectiva del mundo sentido. Ahora bien, el hecho de colocar el sentir en el interior de tal definición produce un efecto directo y radical. El sentir toma el lugar de aquello que, en lo que a la importancia respecta, se le atribuye habitualmente a la consciencia o a la intencionalidad. Así pues, debemos inferir que la importancia de un acontecimiento no está vinculada a la consciencia que podamos tener de él o a las intenciones que podamos proyectar sobre él, ni siquiera a los efectos que podamos anticipar o imaginar que somos capaces de deducir. Whitehead reitera este punto muchas veces; no deja lugar a duda sobre los motivos por los que le brinda un lugar tan central al sentir: "prestamos atención o la desviamos y realizamos las funciones necesarias sin poner el acento en el carácter consciente de la atención"[181], y luego, "los sentires conceptuales no implican necesariamente consciencia"[182]. Esto no significa que la consciencia no juegue papel alguno en lo que concierne a la importancia, como tampoco significa que sea su origen o fundamento. El sentido de la importancia de los acontecimientos –una manera de experimentar y de sentir– es todo lo que importa en los acontecimientos. Este sentido de la importancia remite a una dimensión más amplia que la expresada por la conciencia, ya que se inscribe en el marco de una actividad *vital*: "El sentido de la importancia… se halla incrustado en el ser mismo de la experiencia animal"[183].

## Señuelos proposicionales

El hecho de haber colocado la importancia en el interior de los sentires, es decir, en un plano que antecede a la consciencia, pone en suspenso una pregunta fundamental para nuestro proyecto: ¿cómo podría intensificarse este sentido de la importancia? Si todo se trata únicamente de un "aspecto del sentir por el cual una perspectiva se impone al universo de las cosas sentidas", ¿de dónde provienen entonces su gradación y su argumentación? ¿Cómo pueden los acontecimientos que previamente eran insignificantes aumentar o, a la inversa, disminuir su importancia a lo largo de un período más o menos extenso? Si la importancia, como la definición de Whitehead parece sugerir, posee una dimensión cósmica que atañe a todos los sentires sin excepción, entonces ¿cómo explicar las intensificaciones, las disminuciones, incluso las jerarquizaciones de la importancia? La pregunta por la variación de la importancia es central en nuestra tentativa de definir la función del pensamiento especulativo. Porque, si la importancia nos fuese dada de una vez, es decir, de manera anticipada, para cada acontecimiento, entonces el pensamiento especulativo no tendría ninguna utilidad más que atestiguar que los acontecimientos poseen tal o cual importancia; pero esta, al haberse vuelto algo común a todas las cosas, habría perdido todo su valor. Nuestra posición es que la única función de la filosofía especulativa es hacer que la experiencia cuente, es decir, hacerla importante, intensificarla al máximo. Por lo tanto, es el incremento de la importancia de una experiencia determinada lo que resulta de interés. Lamentablemente, la definición de la importancia que el propio Whitehead nos brinda, en la medida en que busca darle un rol protagónico al sentir, no nos ayuda demasiado en este punto. Necesitamos desarrollarla un poco más.

En *Proceso y Realidad*, Whitehead le dedica un capítulo entero a las "proposiciones". La pregunta por las proposiciones y sus características, sus condiciones y efectos, es una de las constantes que atraviesa la obra de Whitehead, al menos desde los tiempos de *Principia Mathematica*. Nuestro objetivo no es rastrear la historia de esta noción a través de su obra, tampoco establecer vínculos con otras tentativas filosóficas contemporáneas u otros ámbitos del pensamiento donde encontraríamos una insistencia similar para, de este modo, devolverle a las "proposiciones" un estatus esencial como el que le brindan la lógica, la epistemología o la semiótica. Nuestro objetivo es mucho más específico: ¿cómo es posible que haya una intensificación de la experiencia? Cuando Whitehead trata con las "proposiciones" en *Proceso y Realidad*, lo hace en términos de una intensificación, como veremos a continuación. Una proposición no es la descripción de un estado de cosas, tampoco una representación o un juicio; es un *señuelo para el sentir*[184]. Formar una proposición es, en esencia, atraer una multiplicidad de sentires.

Deberíamos detenernos un momento en el término "señuelo", ya que Whitehead lo utiliza en un sentido muy particular, depurado de toda connotación negativa. En el vocabulario de Whitehead, "señuelo" no transmite para nada la idea de un artificio diseñado para engañar a alguien, ni la de una ilusión o apariencia que enmascara la realidad. Para Whitehead, el término es definitivamente neutro: un señuelo incita un cambio que puede ser positivo o negativo de acuerdo a las circunstancias; atraer a un individuo, desviar un movimiento, modificar el curso de los acontecimientos y reconducirlo en una nueva dirección. Así pues, cuando Whitehead dice que las proposiciones son "señuelos del sentir", no hay crítica o denuncia en el uso de esta frase. Se trata de ver las proposiciones como implicadas en una *captura* o *arrebato* singular del sentir.

En este sentido, es importante no confundir las proposiciones con los juicios. Sus funciones se complementan pero no son idénticas, y Whitehead es particularmente hostil en sus repetidos ataques a aquellas teorías que tratan de convertir las proposiciones en instancias particulares del juicio. Por ejemplo, escribe: "Desgraciadamente, las teorías, con el nombre de 'proposiciones', fueron dejadas para los lógicos, quienes fomentaron la doctrina de que su única función es ser juzgada por su verdad o falsedad"[185]. Este ataque a la lógica es un mero pretexto. La pregunta es mucho más amplia y conduce a la creencia ilegítima según la cual la función primera de una proposición es vehiculizar el juicio. No se trata de negar esta dimensión de las proposiciones, sino de limitar su alcance: "La doctrina aquí sentada es que, en la realización de proposiciones, el 'juicio' es raras veces un componente, y lo propio ocurre con la 'consciencia'"[186]. Para hacer que esta diferencia sea lo más obvia posible, Whitehead no duda en empujarla hacia lo caricaturesco, volviendo toda identificación no solo ilegítima, sino casi burlesca:

> La existencia de la literatura imaginativa habría debido advertir a los lógicos que su angosta doctrina es absurda. Es difícil creer que leyendo el discurso de Hamlet 'Ser o no Ser...', todos los lógicos empiecen por juzgar si la proposición inicial es verdadera o falsa, y se empecinen en la

tarea de juzgar a todo lo largo de los treinta y cinco versos.
Seguramente que en algún punto de la lectura, el juicio queda
eclipsado por el deleite estético.[187]

Un monólogo, cuando es puramente teórico, es decir, una seguidilla de
enunciados, tiene una función que rebasa ampliamente su expresión
meramente verbal: la captura de una multiplicidad de sentires. Lo que el
juicio pierde cuando es llevado a una dimensión demasiado específica es
el salto imaginativo que exige la proposición. Los sentires implicados en el
monólogo pueden ser de distintos órdenes: estéticos, morales, axiológicos
y, en ciertos casos, también lógicos, pero de ningún modo se agotan en los
treinta y cinco versos. Lo que el monólogo, en cuanto proposición, produce,
es una intensificación dramática de los sentires que anima. Apunta al "valor
como elemento del sentir"[188]. En este sentido, sería absurdo preguntarse si
las proposiciones formuladas en el monólogo de Hamlet son verdaderas o
falsas, ya que su función es completamente otra: acrecentar la importancia
de la experiencia que se encarna en los sentires que ella reúne.

## Mundos alternativos

La función de las proposiciones es producir una intensificación de los
sentires. Pero la pregunta que aún persiste es: ¿cómo es que esto sucede?
¿Qué es exactamente lo que ponen en perspectiva y lo que les permite
producir una intensificación tal? Más precisamente, ¿qué es lo que capturan,
en cuanto señuelos, tales proposiciones, de modo que los sentires adquieren
una dimensión que era previamente desconocida? Tomemos un nuevo
ejemplo: la batalla de Waterloo:

> Esta batalla determinó la derrota de Napoleón, y una
> constitución de nuestro mundo actual fundada en esa derrota.
> Mas las nociones abstractas que expresan las posibilidades de
> otro curso de la historia que se habría seguido de su victoria,
> tienen alguna pertinencia para los hechos que realmente
> sucedieron. Acaso no creamos de importancia práctica que los
> historiadores de imaginación se detengan en esas alternativas
> hipotéticas; pero confesamos su pertinencia con solo pensar en
> ellas, aunque sea para descartarlas.[189]

La puesta a punto de una teoría de las proposiciones a partir del ejemplo de una batalla conlleva ciertos riesgos, pues acentúa la idea de una irrupción, del acontecimiento como una ruptura que conduce a una nueva época. Pero, además, parece situar el concepto de proposición en un marco antropológico, lo cual hace que el ejemplo de la batalla sea a la vez pertinente y arriesgado. Sin embargo, la manera en que Whitehead nos presenta dicho ejemplo (los elementos que moviliza y los términos que utiliza) nos permite poner de manifiesto las dimensiones especulativas de las proposiciones que hacen falta para formular el argumento propuesto.

Las proposiciones relacionan los sentires actuales (sujeto) con los mundos posibles (predicados). Sin embargo, cuando Whitehead menciona la batalla de Waterloo, introduce un elemento singular que es una de las obsesiones constantes de su teoría de las proposiciones y que, según nuestra recuperación de la función de las proposiciones especulativas, constituye el punto central del problema de la intensificación. Whitehead menciona la idea de que otra ruta histórica es posible. No se trata ni de un slogan ni de una simple fórmula que podría guiar la interpretación de acontecimientos históricos, es decir, la idea de que los hechos podrían haber sucedido de otro modo. La insistencia de una trayectoria diferente resuena en el interior del acontecimiento. La posibilidad de otro curso imaginable de acción, tanto para los acontecimientos como para la historia, es un asunto urgente que concierne a los actos que componen la batalla en todos los niveles de su existencia, tanto en la posibilidad real de la derrota como en la duda de los soldados en el preciso momento en que ella tiene lugar. En las vacilaciones que recorren la derrota, es la multiplicidad de mundos posibles lo que se adhiere a cada acto: los ejércitos franceses salen victoriosos o son derrotados; la coalición se desintegra y un nuevo balance de fuerzas se impone; la batalla perdura y se extiende sin que ninguna victoria tenga ya sentido. Sabemos que Whitehead sólo conocía a Renouvier a través de los elogios que le había hecho William James[190]. Sin embargo, la idea de otras trayectorias históricas, de acontecimientos que podrían haber ocurrido de otro modo, no es muy distinta a lo que plantea Renouvier en su libro *Uchronie*[191]. ¿Cuál es la función de estas *"Uchronies"*? ¿No son acaso ejercicios abstractos cuyo objetivo es relativizar la importancia de los acontecimientos al recordarnos que la historia no está totalmente hecha en el preciso momento en que sucede? Las *Uchronies* son mucho más que simples herramientas pedagógicas o heurísticas. Son la condición de lo que he llamado el incremento de la importancia, la intensificación. Precisemos un poco más este punto que es clave para la función del pensamiento especulativo. Si el resultado de la batalla hubiese estado decidido de antemano, si sencillamente se limitara a seguir una trayectoria rutinaria y establecida de una vez por todas, es decir, si solo actualizara sobre-determinaciones históricas, entonces todo el valor del acontecimiento se disiparía, y con él también nuestra herencia. Esto haría que la batalla fuese un único acontecimiento que se despliega de manera lineal; perdería, justamente, lo que hace que *esta* ocasión sea *aquel* momento histórico en el que se creó nuestro mundo actual. Estas posibilidades dramatizan y, por lo tanto, intensifican, la derrota. Sin embargo, es importante no exagerar el estatus de estos mundos posibles. No serían más que abstracciones generales y puras si su existencia no fuese siempre local, si no estuviese emplazada en acontecimientos concretos: la vacilación de *esta* acción, la preocupación sentida en *aquel* momento, la bifurcación que emerge de *esta* falta de acción. En consecuencia, debemos decir que todos estos gestos, todos estos actores y de todas estas acciones, son un "híbrido entre puras potencialidades y la actualidades"[192]. Esto implica que las proposiciones especulativas necesitan un medio que les brinde consistencia: no deciden por el mundo, sino que articulan acontecimientos de manera diferencial. Para que la idea de otra ruta histórica adquiera una mínima consistencia debe atraer o capturar inquietudes reales, sentires efectivos que existen al menos parcialmente con anterioridad a ella. Estos sentires son *de* la batalla, pero se desarrollan en las memorias de los participantes, en obras literarias, en libros escritos por historiadores que describen los sucesos. Este conjunto de sentires físicos, estéticos e imaginativos forman un medio de proposiciones nuevas que persistirán con relación a la batalla. Cuando el "historiador imaginativo", como sugiere el ejemplo de Whitehead, hace las veces de mediador de estas trayectorias históricas alternativas, está haciendo revivir las posibilidades que se adhieren a la situación histórica con la que están íntimamente relacionadas. Y las proposiciones que desarrolla cobrarán mayor importancia en la medida en que revelen las vacilaciones que acompañaron a un trayecto histórico singular. La importancia de las proposiciones es, por lo tanto, relativa a la pertinencia de las articulaciones que ellas producen.

Sería legítimo preguntarnos quién ha de juzgar esta pertinencia. ¿Dónde encontraremos los criterios que nos permitirán afirmar que una proposición es más relevante que otra y desde qué perspectivas podremos evaluar la magnitud de las articulaciones que ella supone? Si en verdad una pluralidad de mundos posibles se forma en el curso de una batalla, y si estos mundos posibles son finalmente confirmados o refutados por las historias que describen la batalla, ¿cómo es posible establecer diferencias entre ellos? ¿Deberíamos tomarlos como idénticos, es decir, como portadores de un único nivel de existencia, de una misma fuerza e identidad? En el pasaje citado, Whitehead sugiere una respuesta: "Esta batalla determinó la derrota de Napoleón, y una constitución de nuestro mundo actual fundada en esa derrota"[193]. No es en la batalla misma donde encontraremos su importancia. Esto sería una constatación sin consecuencias. En cambio, la intensificación involucra todas las vacilaciones que recorren la batalla, todos los posibles que la animan y vienen a desestabilizar el equilibrio que ella impone.

En última instancia, la relevancia de las proposiciones está vinculada a la constitución de nuestro mundo actual. No podemos ir más allá de él. Estas otras trayectorias históricas, estos mundos alternativos que son dramatizados por el historiador imaginativo que desarrolla estas *uchronies*, no tienen otra función que hacer evidente nuestro mundo presente con toda su herencia, así como la fragilidad de la historia de la cual emerge y las posibilidades que lo habitan como una presencia latente. Estos condicionantes pasados, lo que "podría haber sido", atañe exclusivamente a la constitución de nuestro mundo actual, que es un mundo en proceso, con sus vacilaciones, sus bifurcaciones latentes, sus tendencias, en fin, todos elementos que no dicen nada definitivo más allá de sí mismos.

Estamos ahora en condiciones de volver a la definición que propusimos de la filosofía especulativa: *intensificar, hasta su punto máximo, la importancia de una experiencia*. Y descubrimos que la importancia nos es dada: ella pertenece a todos los seres en la medida en que encarna una perspectiva singular sobre el universo, una perspectiva que el universo expresa en cada una de sus partes, en cada una de las dimensiones cósmicas que hereda. Las maneras de sentir, de relacionarse, de capturar, así como la importancia que estas maneras revisten, son constitutivas de la naturaleza misma. No hay, por un lado, cualidades primarias, y por otro, cualidades secundarias, sino articulaciones más o menos específicas para cada existencia que afirma lo importante *aquí* y *ahora*. Pero, si la importancia se encuentra por todos lados, está en nosotros intensificarla, brindarle todas los matices que ella requiere. En una palabra, debemos establecer su *valor*. Si bien hemos formulado esta pregunta en términos de un acontecimiento histórico, queda claro que la misma no se limita a la historia y a sus herencias particulares, sino a nuestra experiencia contemporánea y a todos los posibles que la animan. Se trata de una acción eminentemente moral cuya máxima podría ser: "Lo mismo cuando destruimos que cuando conservamos, nuestra acción es moral si hemos salvado mediante ella la importancia de la experiencia tal como se ofrece en un momento concreto de la historia del mundo"[194].

# Notas

1.  *Idem.* p. 48.

2.  Para más al respecto, ver: Emilie Hache, *Ce à quoi nous tenons: Propositions pour une écologie pragmatique*, Paris, Les Empêcheurs de penser en rond, 2011.

3.  Más allá de la esfera puramente filosófica, pensamos en obras tales como Conrad Hal Waddington, *The Strategy of Genes. A Discussion of Some Aspects of Theoretical Biology*, London, George Allen & Unwin Ltd., 1957, J. Needham, *Time. The Refreshing River*, Nottingham, Spokesman, y también Ilya Prigogine and Isabelle Stengers, *La Nouvelle alliance: Métamorphose de la science*, Paris, Gallimard, 1986.

4.  Para más sobre este asunto ver: Isabelle Stengers, *Penser avec Whitehead : une libre et sauvage création de concepts*, Paris, Seuil, 2002. [Hay traducción al inglés de la misma obra: Isabelle Stengers, *Thinking with Whitehead*, Cambridge, MA, Harvard University Press, 2011 y una traducción al español: Isabelle Stengers, *Pensar con Whitehead. Una creación de conceptos libre y salvaje*, Buenos Aires, Ed. Cactus, 2021.].

5.  Nos inspiramos aquí en la manera en que Deleuze califica la filosofía de Leibniz en *El pliegue*: como una filosofía de las maneras, basándose en un pasaje de los *Nuevos ensayos sobre el entendimiento humano* en el que Leibniz afirma que "Las maneras y los grados de perfección varían hasta el infinito; sin embargo, el fondo es en todas partes el mismo, ésa es una máxima fundamental en mí y reina en toda mi filosofía ... Si esta filosofía es en el fondo la más simple, también es la más rica en las maneras..." (Citado por G. Deleuze en *El pliegue. Leibniz y el Barroco*, Buenos Aires, Paidós, 2014, p. 73). En este sentido, no dudamos en inscribir el proyecto de una filosofía manierista en las formas de la neomonadología que se encuentran tanto en Whitehead, como en Tarde o en Ruyer.

6.  Alfred North Whitehead, *El concepto de naturaleza*, Madrid, Gredos, 1968, p. 9.

7.  Alfred North Whitehead, *La ciencia y el mundo moderno*, Buenos Aires, Losada, [1925] 1949, p. 31.

8.  Alfred North Whitehead, *El concepto de naturaleza*, op. cit. p. 8.

9.  Alfred North Whitehead, *La ciencia y el mundo moderno*, op. cit., p. 9.

10.  Alfred North Whitehead, *El concepto de naturaleza*, op. cit. p. 41-42.

11.  M. Merleau-Ponty, *La Nature : notes, cours du Collège de France*, Paris, Seuil, 1995.

12. J. Wahl, *Vers le concret. Études d'histoire de la philosophie contemporaine, William James, Whitehead, Gabriel Marcel*, Paris, J. Vrin, 2010.

13. F. Cesselin, *La Philosophie organique de Whitehead*, Paris, Presses Universitaires de France, 1950, p. 21. [Traducción propia].

14. También pueden encontrarse otras notables aunque breves referencias en *Modos de pensamiento*, trad. cast. J. Xirau, Buenos Aires, Losada, 1944, principalmente en el capítulo titulado "La naturaleza sin vida" y en *La función de la razón*, trad. cast. Lucila Gonzáles Pasos, Madrid, Tecnos, 2003.

15. Alfred North Whitehead, *La ciencia y el mundo moderno, op. cit.*, p. 32.

16. Para esto nos inspiramos especialmente en los trabajos de G. Chatelet, y de manera particular, en *Les Enjeux du mobile: mathématique, physique, philosophie*, Paris, Seuil, 1993.

17. J. Locke, *Ensayo sobre el entendimiento humano*, trad. cast. Edmundo O'Gorman, México, FCE, 1999, p. 113-114.

18. *Ibid.*, p. 113.

19. Alfred North Whitehead, *La ciencia y el mundo moderno, op. cit.*, p. 72.

20. *Ibid.*, p. 31-32

21. R. Ruyer, "Ce qui est vivant et ce qui est mort dans le matérialisme", *Revue philosophique*, vol. 116, n° 7-8, 1933, p. 28-49. [Traducción propia].

22. *Ibid.*

23. La cuestión del organicismo está presente, sobre todo, en *La ciencia y el mundo moderno*. Para un análisis de la influencia de la aproximación organicista de Whitehead en el campo de la biología contemporánea, consultar: D. J. Haraway, *Crystals, Fabrics, and Field*s, California, North Atlantic Books, 2004.

24. I. Stengers, "Diderot's Egg", *Radical Philosophy*, 2008.

25. J. Locke, *Ensayo sobre el entendimiento humano*, trad. cast. Edmundo O'Gorman, México, FCE, 1999, p. 113-114.

26. Alfred North Whitehead, *El concepto de naturaleza, op. cit.* p. 54.

27. *Ibid.* p. 41-42.

28. *Ibid.* p. 42.

29. I. Stengers, *L'Invention des sciences modernes*, Paris, Flammarion, 1995, p. 98. [Traducción propia].

30. *Ibid.* p. 100.

31. Q. Meillassoux, *Después de la finitud. Ensayo sobre la necesidad de la contingencia*, Buenos Aires, Caja Negra, 2015, p. 23.

32. *Ibid.*

33. Alfred North Whitehead, *La ciencia y el mundo moderno, op. cit.*, p. 76.

34. R. Ruyer, "Ce qui est vivant et ce qui est mort dans le matérialisme", *Revue philosophique*, vol. 116, n° 7-8, 1933, p. 28-49. [Traducción propia].

35. Alfred North Whitehead, *La ciencia y el mundo moderno, op. cit.*, p. 66.

36. *Ibid.*, p. 67.

37. Alfred North Whitehead, *Aventuras de las ideas*, trad. cast. Bernardo Costa, Buenos Aires, 1961, p. 66.

38. J. Wahl, *Vers le concret*. Études d'histoire de la philosophie contemporaine, William James, Whitehead, Gabriel Marcel, Paris, J. Vrin, 2010, p. 133. [Traducción propia].

39. Alfred North Whitehead, *Aventuras de las ideas, op. cit.*, p. 142.

40. Alfred North Whitehead, *El concepto de naturaleza, op. cit.* p. 30-31.

41. R. Ruyer, "Ce qui est vivant et ce qui est mort dans le matérialisme", *Revue philosophique*, vol. 116, n° 7-8, 1933, p. 28-49. [Traducción propia].

42. Alfred North Whitehead, *La ciencia y el mundo moderno, op. cit.*, p. 76.

43. Alfred North Whitehead, *El concepto de naturaleza, op. cit.* p. 67.

44. Alfred North Whitehead, *Proceso y realidad. Un ensayo de cosmología*, Buenos Aires, Losada, 1956. p. 11.

45. H. Bergson, *La evolución creadora*, Buenos Aires, Ed. Cactus, 2007, p. 183.

46. *Ibid.*, p. 286.

47. *Ibid.*

48. *Ibid.*

49. *Ibid.* p. 285.

50. *Ibid.*, p. 291.

51. Alfred North Whitehead, *Proceso y realidad. Un ensayo de cosmología, op. cit.* p. 286.

52. H. Bergson, *El pensamiento y lo moviente*, Buenos Aires, Ed. Cactus, 2013, p. 211.

53. *Ibid.*, p. 213.

54. *Ibid.*, p. 184.

55. J. Wahl, *Vers le concret*. Études d'histoire de la philosophie contemporaine, William James, Whitehead, Gabriel Marcel, op. cit., p. 123-124. [Traducción propia].

56. Alfred North Whitehead, *Modos de pensamiento, op. cit.*, p. 62.

57. Alfred North Whitehead, *La ciencia y el mundo moderno, op. cit.*, p. 49.

58. *Ibid.*, p. 106.

59. *Ibid.*, p. 76.

60. *Ibid.*, p. 72-73

61. *Ibid.*, p. 73

62. Alfred North Whitehead, *El concepto de naturaleza, op. cit.* p. 182.

63. Alfred North Whitehead, *Proceso y realidad. Un ensayo de cosmología, op. cit.* p. 81.

64. Alfred North Whitehead, *El concepto de naturaleza, op. cit.* p. 31.

65. Alfred North Whitehead, *La ciencia y el mundo moderno, op. cit.*, p. 74.

66. *Ibid.*, p. 73-74.

67. Acerca de las relaciones entre la fenomenología y la filosofía de Whitehead, véase: B. Saint-Sernin, *Whitehead, un univers en essai*, Paris, J. Vrin, 2000.

68. Alfred North Whitehead, *El concepto de naturaleza, op. cit.* p. 13.

69. *Ibid.*, p. 166.

70. Alfred North Whitehead, *Modos de pensamiento, op. cit.* p. 12.

71. W. James, *Essais d'empirisme radical*, trad. fr. M. Girel, Paris, Agone, 2005, p. 58. [Traducción propia] [Trad, cast. W. James, *Ensayos de empirismo radical*, Buenos Aires, Cactus, 2020.]

72. G. Deleuze, *Diferencia y repetición*, Buenos Aires, Amorrortu, 2002, p. 419.

73. Alfred North Whitehead, *El concepto de naturaleza, op. cit.* p. 25.

74. *Ibid.*

75. *Ibid.*, p. 67.

76. J. Wahl, *Vers le concret. Études d'histoire de la philosophie contemporaine, William James, Whitehead, Gabriel Marcel, op. cit.*, p. 136. [Traducción propia].

77. G. Deleuze, *El pliegue. Leibniz y el Barroco, op. cit.*, p. 101.

78. Sobre la teoría de los acontecimientos en *El concepto de naturaleza* y su recuperación en las obras más tardías como *Proceso y realidad*, ver J. Wahl, *Vers le concret. Études d'histoire de la philosophie contemporaine. William James, Whitehead, Gabriel Marcel, op. cit.*

79. Alfred North Whitehead, *El concepto de naturaleza, op. cit.* p. 184.

80. *Ibid.*, p. 185.

81. *Ibid.*

82. *Ibid.*, p. 185.

83. *Ibid.*

84. *Ibid.*, p. 186.

85. En lo que se refiere a la definición de la persistencia como trayectoria de ocasiones, se encuentra una herencia whiteheadiana en *Investigación sobre los modos de existencia* de Bruno Latour. *Cf. Investigación sobre los modos de existencia. Una antropología de los modernos*, Buenos Aires, Paidós, 2013. Particularmente los capítulos tres y cuatro.

86. Alfred North Whitehead, *El concepto de naturaleza, op. cit.* p. 184.

87. *Ibid.*, p. 186-187.

88. *Ibid.*, p. 188.

89. G. W. Leibniz, *Nuevos ensayos sobre el entendimiento humano*, Madrid, Akal, 2016., p. 141.

90. Alfred North Whitehead, *El concepto de naturaleza, op. cit.* p. 168.

91. *Ibid.*, p. 40.

92. *Ibid.*, p. 60.

93. *Ibid.*, p. 9.

94. Alfred North Whitehead, *Proceso y realidad. Un ensayo de cosmología, op. cit.* p. 230.

95. "of personal lives (which may be of any grade of complication, and superhuman or infrahuman as well as human), variously cognitive of each other [...], genuinely evolving and changing by effort and trial, and by their interaction and cumulative achievements making up the world." (W. James, *Collected Essays and Reviews*, New York, Longmans, Green and Co., 1920, p. 443-444). [Traducción propia].

96. Sobre la relación entre estética y ontología en Whitehead a partir de la cuestión del sentir, ver: S. Shaviro, *Without Criteria: Kant, Whitehead, Deleuze and Aesthetics*, Massachusetts, Massachusetts Institute of Technology, 2009. [Hay una traducción al español S. Shaviro, *Sin criterios: Kant, Whitehead, Deleuze y la estética*. London, Open Humanities Press, 2020, trad. al cast. de Román Suárez y Laureano Ralón].

97. Alfred North Whitehead, *Proceso y realidad. Un ensayo de cosmología*, op. cit. p. 69.

98. R. Descartes, *Discurso del método. Meditaciones metafísicas*, Madrid, Espasa-Calpe, 2007, p. 132.

99. Alfred North Whitehead, *Proceso y realidad. Un ensayo de cosmología*, op. cit. p. 69-70.

100. *Ibid.*, p. 243.

101. Alfred North Whitehead, *El simbolismo. Su significado y efecto*, México, UNAM-IIF, 1969, p. 37.

102. G. Santayana, *Escepticismo y fe animal. Introducción a un sistema de filosofía*, Madrid, Antonio Machado Libros, 2011.

103. Alfred North Whitehead, *El simbolismo. Su significado y efecto*, México, UNAM-IIF, 1969, p. 37.

104. *Ibid.*, p. 32.

105. *Ibid.*, p. 39.

106. *Ibid.*

107. G. Deleuze, *El pliegue. Leibniz y el Barroco, op. cit.*, p. 103.

108. Nos permitimos reenviar al lector al artículo que hemos consagrado a la cuestión de la posesión en la filosofía de G. Tarde: D. Debaise, "Une métaphysique des possessions. Puissances et sociétés chez Tarde", *Revue de métaphysique et de morale*, vol. IV, 2008, p. 447-460.

109. G. Tarde, *Monadología y sociología*, Buenos Aires, Cactus, 2006, p. 91.

110. *Ibid.*

111. Alfred North Whitehead, *Proceso y realidad. Un ensayo de cosmología*, op. cit. p. 40.

112. *Ibid.*

113. *Ibid.*, p. 127.

114. G. W. Leibniz, *Discurso de metafísica*, Madrid, Alianza editorial, 1982, p. 66.

115. *Ibid.*, p. 65.

116. *Ibid.*, p. 65-66.

117. G. Deleuze, *El pliegue: Leibniz y el Barroco*, op. cit., p. 107.

118. Alfred North Whitehead, *Proceso y realidad. Un ensayo de cosmología*, op. cit. p. 309.

119. *Ibid.*

120. *Ibid.*, p. 69.

121. *Ibid.*, p. 72.

122. M. Heidegger, *Nietzsche*, t. II, trad. cast. Juan Luis Vernal, Barcelona, Ed. Destino, 2000, p. 351.

123. Alfred North Whitehead, *Proceso y realidad. Un ensayo de cosmología, op. cit.* p. 209.

124. Sobre la cuestión de las cadenas y transiciones de experiencias, ver W. James, *Ensayos de empirismo radical, op. cit.*, principalmente el *Ensayo 2: un modo de experiencia pura.* Y para una recepción contemporánea, sobre la cuestión de cadena de experiencias: B. Latour, "La connaissance est un mode d'existence : rencontre au Muséum de James, Fleck et Whitehead avec des fossiles de chevaux." en D. Debaise (ed.), *Vie et expérimentation. Peirce, James et Dewey*, Paris, Vrin, 2007.

125. Alfred North Whitehead, *Modos de pensamiento, op. cit.* p. 34.

126. *Ibid.*

127. Para una nueva puesta en cuestión de la perspectiva individual en la historia de la biología contemporánea, ver: G. Scott, "A symbiotic view of life – we have never been individuals", *The Quartely Review of Biology*, vol. 87, n° 4, 2012, pp. 325–341. G. Scott ha escrito específicamente que "Para los animales, como para las plantas, nunca han existido los individuos. Este nuevo paradigma para la biología plantea nuevas cuestiones y busca nuevas relaciones entre las diferentes entidades vivas en la Tierra. Todos somos líquenes" (p. 336). [Traducción propia].

128. R. Ruyer, "Ce qui est vivant et ce qui est mort dans le matérialisme", *Revue philosophique*, vol. 116, n° 7-8, 1933, p. 28-49.

129. *Ibid.* p. 40. [Traducción propia].

130. Alfred North Whitehead, *Modos de pensamiento, op. cit.* p. 35.

131. *Ibid.*

132. Tomamos en concepto de "consolidación" de E. Dupréel : "Théorie de la consolidation. Esquisse d'une théorie de la vie d'inspiration sociologique", *Revue de l'institut de sociologie*, vol. III, 1934, p. 1-58.

133. Alfred North Whitehead, *Modos de pensamiento, op. cit.* p. 173.

134. Este tema está muy próximo a lo que E. Souriau llama lo "solicitudinario". Ver para este efecto E. Souriau, *Avoir une âme. Essai sur les existences virtuelles,* Paris, Les belles lettres, 1938 y E. Souriau, *Les Différents modes d'existence*, Paris, Presses Universitaires de France, 2009. [Hay traducción de este último E. Souriau, *Los diferentes modos de existencia*, Buenos Aires, Cactus, 2017].

135. Alfred North Whitehead, *Proceso y realidad. Un ensayo de cosmología, op. cit.* p. 303.

136. G. Deleuze, *El pliegue. Leibniz y el Barroco, op. cit.*, p. 104.

137. Alfred North Whitehead, *Proceso y realidad. Un ensayo de cosmología, op. cit.*, p. 68.

138. *Ibid.*

139. *Ibid.*

140. *Ibid.* p. 135.

141. Platón, *Timeo*, 52a. [*Diálogos VI. Filebo, Timeo, Critias*, Madrid, Gredos, 2000, p. 198]

142. *Ibid.*

143. Alfred North Whitehead, *Proceso y realidad. Un ensayo de cosmología, op. cit.*, p. 73.

144. *Ibid.* p. 45.

145. Alfred North Whitehead, *El concepto de naturaleza, op. cit.* p. 188.

146. Alfred North Whitehead, *La ciencia y el mundo moderno, op. cit.* p. 110.

147. Para un análisis más detallado de la clasificación de los objetos eternos en Whitehead, ver: W. A. Christian, *An Interpretation of Whitehead's metaphysics*, New Haven, Yale University Press, 1959.

148. G. Deleuze, *El pliegue. Leibniz y el Barroco, op. cit.*, p. 106-107.

149. *Ibid.* p. 106.

150. Alfred North Whitehead, *Aventuras de las Ideas, op. cit.* p. 285.

151. Alfred North Whitehead, *Proceso y realidad. Un ensayo de cosmología, op. cit.*, p. 27.

152. *Ibid.* p. 42.

153. *Ibid.* p. 74.

154. J. Wahl, *Vers le concret. Études d'histoire de la philosophie contemporaine*, Paris, J. Vrin, 1932, p. 135. [Traducción propia].

155. Samuel Butler, *Vida y hábito. La evolución más acá de la frontera entre lo natural y lo humano*. Buenos Aires, Cactus, 2011, p. 107.

156. Alfred North Whitehead, *Proceso y realidad. Un ensayo de cosmología, op. cit.*, p. 130.

157. *Ibid.* p. 130-131.

158. C. H. Waddington, *The Strategy of Genes. A Discussion of Some Aspects of Theoretical Biology*, London, George Allen & Unwin Ltd, 1957. Para lo concerniente a la recepción de la filosofía de Whitehead en biología se recomiendan también los trabajos de Needham : *The Refreshing River*, Nottingham, Spokesman, 1943 et *Order and Life*, Cambridge, Cambridge University Press, 1936, y para la historia de esta influencia D. J. Haraway, *Crystals, Fabrics, and Fields, op. cit.*

159. Alfred North Whitehead, *Proceso y realidad. Un ensayo de cosmología, op. cit.*, p. 72.

160. *Ibid*, p. 144.

161. *Ibid*, p. 146.

162. No es necesario mostrar las transformaciones de conocimiento vinculadas al carácter "interesado" de los vivientes. Para abundar al respecto recomendamos a V. Despret quien en *Quand le loup habitera avec l'agneau* (Les empêcheurs de penser en rond/Le Seuil, Paris, 2002), Coloca el concepto de "proposición de existencia" en el centro de una verdadera "cultura" de los vivientes. Ella afirma que: "Las proposiciones de existencia, de las que nuestras "historias" son vectores, las maneras de involucrar animales en estas historias y las prácticas que las ordenan no se dirigen a un mundo mudo y dócil, a un simple soporte para nuestras representaciones. Nuestras historias que les conciernen no les dejan indiferentes" (p.

26) [Traducción propia]. Hay que subrayar el carácter interesado de los vivientes acerca de las cuestiones que se plantean sobre ellos.

163. E. Dupréel, "La consistance et la probabilité constructive", *Lettres*, vol. 55, n° 2, 1961, p. 1-38 [traducción propia].

164. *Ibid.*

165. Alfred North Whitehead, *Proceso y realidad. Un ensayo de cosmología*, op. cit., p. 150.

166. *Ibid.*

167. I. Stengers, *Penser avec Whitehead: une libre et sauvage création de concepts*, op. cit., p. 250. Paris, Seuil, 2002, especialmente las páginas 182 a 185.

168. *Ibid.*, p. 350.

169. *Ibid.*

170. *Cf.* I. Stengers, *Penser avec Whitehead*, Paris, Seuil, 2002, especialmente las páginas 182 a 185.

171. Alfred North Whitehead, *Proceso y realidad. Un ensayo de cosmología*, op. cit., p. 72.

172. J.-J. Kupiec et P. Sonigo, *Ni Dieu ni gène. Pour une autre théorie de l'hérédité*, Paris, Points/Seuil, 2000, p. 129. [Traducción propia].

173. *Ibid.*

174. *Ibid.*

175. Consultar a este respecto los trabajos de E. Viveiros de Castro, principalmente *Metafísicas caníbales. Líneas de antropología postestructural*, Buenos Aires, Katz editores, 2010, y "Exchanging perspectives", *Common Knowledge*, vol. X, n. 3, 2004, p. 463-484.

176. Alfred North Whitehead, *Modos de pensamiento*, op. cit., p. 14.

177. A este respecto, ver la relación que B. Latour ha introducido a partir de un análisis de textos de Whitehead entre la bifurcación de la naturaleza, la cuestión del estado de hecho y el "matter of concern": B. Latour, "What is a style of matters of concern? Two lectures in empirical philosophy", *Spinoza Lectures*, 2008.

178. Alfred North Whitehead, *Modos de pensamiento*, op. cit., p. 14.

179. *Ibid.*, p. 19.

180. *Ibid.*, p. 22.

181. *Ibid.*

182. Alfred North Whitehead, *Proceso y realidad. Un ensayo de cosmología*, op. cit., p. 326.

183. Alfred North Whitehead, *Modos de pensamiento*, op. cit., p. 19.

184. Alfred North Whitehead, *Proceso y realidad. Un ensayo de cosmología*, op. cit., p. 254. Ver también a este respecto: I. Stengers, *Penser avec Whitehead: une libre et sauvage création de concepts*, op. cit.

185. *Ibid.*

186. *Ibid.*

187. *Ibid.*

188. *Ibid.*

189. *Ibid.* p. 254-255.

190. Los homenajes que James rindió a Renouvier van dirigidos a su posición con respecto al "fenomenismo". Ver a este respecto: W. James, *Ensayos de empirismo radical, op. cit.*, p. 14, y su correspondencia publicada por Perry : "Correspondance de Charles Renouvier et de William James", *Revue de Métaphysique et de Morale,* vol. 36, n° 1, 1929, p. 1-35 y, de manera más general, el libro de J. Wahl : *Les Philosophies pluralistes d'Angleterre et d'Amérique,* Paris, Les Empêcheurs de penser en rond, 2005.

191. C. Renouvier, *Uchronie. Esquisse historique apocryphe du développement de la civilisation européenne tel qu'il n'a pas été, tel qu'il aurait pu être,* Paris, Fayard, 1988.

192. Alfred North Whitehead, *Proceso y realidad. Un ensayo de cosmología, op. cit.*, p. 255.

193. *Ibid.* p. 254-255.

194. Alfred North Whitehead, *Modos de pensamiento, op. cit.*, p. 26.

# Bibliografía

Bergson, H., *La evolución creadora*, Buenos Aires, Ed. Cactus, 2016.

—, *El pensamiento y lo moviente*. Buenos Aires, Ed. Cactus, 2013.

Butler, S., *Vida y hábito. La evolución más acá de la frontera entre lo natural y lo humano*. Buenos Aires, Cactus, 2011.

Cesselin, F., *La Philosophie organique de Whitehead*, Paris, Presses Universitaires de France, 1950.

Chatelet, G., *Les Enjeux du mobile : mathématique, physique, philosophie*, Paris, Seuil, 1993.

Christian, W. A., *An Interpretation of Whitehead's Metaphysics*, New Haven, Yale University Press, 1959.

Debaise, D., « Une métaphysique des possessions. Puissances et sociétés chez Tarde », *Revue de métaphysique et de morale*, vol. 4, 2008, p. 447-460.

Deleuze, G., *Diferencia y repetición*, Buenos Aires, Amorrortu, 2002.

—, *El pliegue : Leibniz y el Barroco*, Buenos Aires, Paidós, 2014.

Descartes, R., *Discurso del método. Meditaciones metafísicas*, Madrid, Espasa-Calpe, 2007.

Dupréel, E., "La consistance et la probabilité constructive", *Lettres*, vol. 55, n° 2, 1961, p. 1-38.

—, "Théorie de la consolidation. Esquisse d'une théorie de la vie d'inspiration sociologique", *Revue de l'institut de sociologie*, vol. III, 1934, p. 1-58.

Hache, E., *Ce à quoi nous tenons. Propositions pour une écologie pragmatique*, Paris, Les Empêcheurs de penser en rond, 2011.

Haraway, D. J., *Crystals, Fabrics, and Fields*, California, North Atlantic Books, 2004.

Heidegger, M., *Nietzsche*, t. II, trad. cast. Juan Luis Vernal, Barcelona, Ed. Destino, 2000.

James, W., *Ensayos de empirismo radical*, Buenos Aires, Cactus, 2020.

Kupiec, J.-J. et P. Sonigo, *Ni Dieu ni gène. Pour une autre théorie de l'hérédité*, Paris, Points/Seuil, 2000.

Latour, B., *Investigación sobre los modos de existencia. Una antropología de los modernos*, Buenos Aires, Paidós, 2013.

—, "La connaissance est un mode d'existence : rencontre au Muséum de James, Fleck et Whitehead avec des fossiles de chevaux » in D. Debaise (ed.), *Vie et expérimentation. Peirce, James et Dewey*, Paris, Vrin, 2007.

—, *What is a style of matters of concern? Two lectures in empirical philosophy*, Amsterdam, Van Gorcum, 2008.

Leibniz, G. W., *Discurso de metafísica*, Madrid, Alianza editorial, 1982.

—, *Nuevos ensayos sobre el entendimiento humano*, Madrid, Akal, 2016.

Locke, J., *Ensayo sobre el entendimiento humano*, México, FCE, 1999.

Meillassoux, Q., *Después de la finitud. Ensayo sobre la necesidad de la contingencia*, Buenos Aires, Caja Negra, 2015.

Merleau-Ponty, M., *La Nature : notes, cours du Collège de France*, Paris, Seuil, 1995.

Needham, J., *Order and Life*, Cambridge, Cambridge University Press, 1936.

—, *The Refreshing River*, Nottingham, Spokesman, 1943.

Perry, R. B., « Correspondance de Charles Renouvier et de William James », *Revue de métaphysique et de morale*, vol. 36, n° 1, 1929, p. 1-35.

Platón, *Diálogos VI. Filebo, Timeo, Critias*, Madrid, Gredos, 2000.

Renouvier, C., *Uchronie. Esquisse historique apocryphe du développement de la civilisation européenne tel qu'il n'a pas été, tel qu'il aurait pu être*, Paris, Fayard, 1988.

Ruyer, R., "Ce qui est vivant et ce qui est mort dans le matérialisme", *Revue philosophique*, vol. 116, n° 7-8, 1933, p. 28-49.

Saint-Sernin, B., *Whitehead, un univers en essai*, Paris, J. Vrin, 2000.

Santayana, G., *Escepticismo y fe animal. Introducción a un sistema de filosofía*, Madrid, Antonio Machado Libros, 2011.

Scott, G., "A symbiotic view of life–we have never been individuals", *The Quartely Review of Biology*, vol. 87, n° 4, 2012, p. 325-341.

Shaviro, S., *Sin criterios: Kant, Whitehead, Deleuze y la estética*. London, Open Humanities Press, 2020.

Souriau, E., *Avoir une âme. Essai sur les existences virtuelles*, Paris, Les belles lettres, 1938.

—, *Los diferentes modos de existencia*, Buenos Aires, Cactus, 2017.

Stengers, I., "Diderot's Egg", *Radical Philosophy*, 2008.

—, *L'Invention des sciences modernes*, Paris, Flammarion, 1995.

—, *Penser avec Whitehead : une libre et sauvage création de concepts*, Paris, Seuil, 2002.

Tarde, G., *Monadología y sociología*, Buenos Aires, Cactus, 2006.

Viveiros de Castro, E., *Metafísicas caníbales. Líneas de antropología postestructural*, Buenos Aires, Katz editores, 2010.

—, "Exchanging perspectives", *Common Knowledge*, vol. X, n° 3, 2004, p. 463-484.

Waddington, C. H., *The Strategy of Genes. A Discussion of Some Aspects of Theoretical Biology*, London, George Allen & Unwin Ltd, 1957.

Wahl, J., *Les Philosophies pluralistes d'Angleterre et d'Amérique*, Paris, Les empêcheurs de penser en rond, 2005.

—, *Vers le concret. Études d'histoire de la philosophie contemporaine, William James, Whitehead, Gabriel Marcel*, Paris, J. Vrin, 2010.

Whitehead, A. N., *Aventuras de las ideas*, Buenos Aires, 1961.

—, *El concepto de naturaleza*, Madrid, Gredos, 1968.

—, *La ciencia y el mundo moderno*, Buenos Aires, Losada, 1949.

—, *El simbolismo. Su significado y efecto*, México, UNAM-IIF, 1969.

—, *Proceso y realidad. Un ensayo de cosmología*, Buenos Aires, Losada, 1956.

—, *Modos de pensamiento*, Buenos Aires, Losada, 1944.

—, *La función de la razón*, Madrid, Tecnos, 2003.

www.ingramcontent.com/pod-product-compliance
Lightning Source LLC
Chambersburg PA
CBHW060403090426
42734CB00011B/2239